फ्रेंच कवियों की शृंखला

फॉन्तैन् और उनकी नीतिपरक कविताएँ

मूल फ्रांसीसी भाषा से अनूदित

फ्रेंच कवियों की शृंखला

फॉन्तैन
और उनकी नीतिपरक कविताएँ

अनुवाद, चयन एवं सम्पादन

मदन पाल सिंह

वाणी प्रकाशन

वाणी प्रकाशन

4695, 21-ए, *दरियागंज, नयी दिल्ली*-110002

शाखा

अशोक राजपथ, पटना-800004

फ़ोन : +91 11 23273167 फ़ैक्स : +91 11 23275710

www.vaniprakashan.in
vaniprakashan@gmail.com

Fontaine Aur Unki Neetiparak Kavitayen
Translated by Madan Pal Singh

ISBN : 978-93-5072-957-1
Poetry

प्रथम संस्करण

मूल्य : ₹795

INSTITUT FRANÇAIS

The Publication of this work is supported by a grant from the Institut Fraınçais which is funded by the French Ministry of Foreign Affairs.

प्रिंटलैंड डिजिटल, दिल्ली-110 020 में मुद्रित

वाणी प्रकाशन का लोगो मक़बूल फ़िदा हुसेन की कूची से

F.C.

फॉन्तैन और उनकी नीतिपरक कविताएँ

'समय, दर्द की बड़ी दवा है' और 'धोखेबाज को धोखा देना दुगुनी खुशी देता है' जैसी पंक्तियों के रचयिता फॉन्तैन की नीतिपरक कविताओं को गुनने से पहले, यहाँ उस समय के फ्रांस के राजनीतिक-सामाजिक परिदृश्य की ओर लौटना होगा। उस समय फ्रांस में लुई तेरहवें की मृत्यु के बाद 1643 से 1715 तक लुई चौदहवें (1638-1715) का शासन रहा जो करीब 72 साल तक चला। यह फ्रांस के इतिहास में ही नहीं बल्कि यूरोप के प्रमुख देशों में सबसे लम्बा चलने वाला शासनकाल था। लुई चौदहवें को महान लुई और सूर्यवंशी भी कहा जाता है। सूर्यवंशी होने के पीछे कारण था कि राजा ने सूर्य को अपने राजकीय चिह्न के रूप में चुना था। सूर्य यानी सबसे ऊपर। फिर राजा की कार्यप्रणाली द्वारा इसकी पुष्टि भी हो गयी जब लुई चौदहवें ने 1661 में अपने प्रधानमन्त्री माजारैं की मृत्यु के बाद अपना स्वयंसिद्ध शासन चलाना आरम्भ किया। लुई चौदहवें को फ्रांस के सबसे शक्तिशाली शासकों में गिना जाता है और उसी के समय में फ्रांस ने तीन बड़े युद्ध लड़े थे।

उस समय सम्राट के निर्णय विभिन्न विभागों के लिए बनी काउंसिल से भी ऊपर हो गये थे। राजा के दरबार में मंत्रियों का भी एक दल था। इनमें वित्त मामलों के सर्वेसर्वा कोल्बेर और लूवुआ रक्षा विभाग के प्रमुख थे। उसके समय में कुछ साहित्यकारों को भी राजाश्रय मिला। जिनमें प्रमुख हैं—पियर कॉरनई, मोलियर, निकोला बुआलो, रासीन। स्वयं ला फॉन्तैन को भी कुछ समय राजा के खजाने से मदद मिली थी।

फॉन्तैन ने उस समाज और दरबार के माहौल, दरबारियों की मूर्खताओं, क्षुद्रताओं, बुर्जुआ मूल्य और चापलूसी भरे पाखंड पर व्यंग्य करने के लिए अनेक कविताएँ लिखी थीं। उदाहरण के लिए कविता 'सिंह का दरबार' देखें, जिसमें राजा को सिंह के रूप में चित्रित कर उद्दंड सर्वेसर्वा यानी कालिगुला के वंशज के तौर पर दिखाया गया है। इस एक कविता से ही फॉन्तैन के उद्देश्य का पता लग जाता है। लेकिन हमेशा की तरह राजशक्ति के कोप से बचने के लिए फॉन्तैन ने इस कविता में अप्रत्यक्ष रूप से राजदरबार और राजा पर कटाक्ष किया था। इसके साथ ही 12 पुस्तकों में सिमटी इस योजना में फॉन्तैन की प्रथम 6 पुस्तकें फ्रांस के राजा लुई चौदहवें के पुत्र राजकुमार लुई दोफै को समर्पित थीं। इनका प्रकाशन 1668 में हुआ

था। उसके बाद लेखक ने सातवीं से ग्यारहवीं पुस्तक राजा की खूबसूरत रखैल या प्रेमिका मादाम द मान्तेस्पॉ को समर्पित की थीं। वहीं सबसे अन्तिम पुस्तक दयूक द बुरगॉन्य को समर्पित की गयी थी। इस समर्पण से सिद्ध होता है कि वह कटाक्ष और बचाव के मध्य थोड़ा सन्तुलन भी साध रहे थे।

जब इस नीतिकार के जीवन में झाँकते हैं तो उस समय के सामाजिक-आर्थिक-राजनैतिक परिदृश्य का खुलासा होता है। फॉन्तैन का जन्म शातो-थियेरी में 8 जुलाई, 1621 में एक बुर्जुआ परिवार में हुआ था। पिता शार्ल द ला फॉन्तैन जल और वन विभाग में एक अधिकारी थे। बचपन के 10 वर्ष यहीं पर बिताने के बाद 1636 में उन्होंने स्कूल की शिक्षा पेरिस में पूरी की। 1645 से 1647 के मध्य कानून की पढ़ाई की और इसी दौरान उनका विवाह मारी एरिका के साथ उनके पैतृक स्थान में सम्पन्न हुआ। पंजीकरण पुस्तक के अनुसार विवाह के समय फॉन्तैन की उम्र 26 वर्ष थी, लेकिन उनकी पत्नी की उम्र केवल 14 वर्ष 6 महीने थी। 1649 में उन्होंने कानून की पढ़ाई पूरी कर एक वकील की उपाधि पायी और 1652 में अपने पिता का पद प्राप्त किया। लेकिन वह पेरिस से इतने जुड़े थे कि यहाँ टिकना उनके लिए मुश्किल ही था। पेरिस का आकर्षण और कविता के प्रति प्रेम उन्हें यहाँ रुकने ही नहीं देता था जिससे वह अपने परिवार पर समुचित ध्यान न दे सके। फॉन्तैन की पत्नी के लिए यह विवाह, विवाह न होने के बराबर था। बहुत पहले ही वे एक-दूसरे से अलग हो गये थे। शायद फॉन्तैन को भी विवाह और पत्नी के प्रति वैवाहिक निष्ठा में कोई खास रुचि नहीं थी। उनका घुमक्कड़ स्वभाव भी इस बन्धन में बाधा बना और 1658 उनके एक-दूसरे से अलग होने का वर्ष था। फॉन्तैन के पुत्र शार्ल की परवरिश उसकी माता द्वारा ही हुई। इस विवाह से फॉन्तैन को जहाँ आर्थिक सहायता मिली थी, वहीं अपनी पत्नी के एक जानकार के माध्यम से वह निकोला फूके के सम्पर्क में आये।

पेरिस आने के बाद वह पूरी तरह साहित्यिक गतिविधियों में रम गये। उनकी मित्र मंडली में अनेक पुरुष और महिलाएँ शामिल थीं। स्त्रियों में प्रमुख हैं—मादाम द सेविनिये, मादाम द ला फयेत, मादाम द थियांग। इसी के साथ वह शाही परिवार की एक स्त्री मारी ऑन मान्सिनी के सौन्दर्य से भी प्रभावित थे। जिसकी निष्पत्ति उनके गद्य और प्रेम कविताओं में हुई। इस खूबसूरत विवाहित महिला के कारण उनका पेरिस के शाही समाज में प्रवेश हुआ। यहाँ पर ही मोलियर, रासीन जैसे महान नाटककारों का उन्हें साथ मिला। वहाँ निकोला बुआलो जैसे साहित्यकार भी थे जिन पर सम्राट की विशेष कृपादृष्टि थी।

फॉन्तैन का प्रारम्भिक किन्तु वास्तविक कार्य 'आदोनीस' नामक काव्य था,

जो निकोला फूके को समर्पित है। यहीं से इस वित्त अधिकारी की ओर से फॉन्तैन के लिए एक छोटे से साहित्यिक वजीफे की शुरुआत हुई। जिसके लिए उन्हें वर्ष में केवल चार कविताओं की रचना करनी थी। लेकिन जैसे ही निकोला फूके को कैद हुई, कवि ने लिमोज को अपना आश्रय बनाया, जिससे वह राजशाही के षड्यंत्रों से बच सके। कुछ विद्वानों के अनुसार उन्हें सम्राट लुई चौदहवें द्वारा निर्वासित किया गया, लेकिन इसके प्रमाण नहीं मिलते। परिस्थिति कुछ भी हो लेकिन यह सच है कि वह ऐसे दरबारी कभी नहीं रहे जिन्हें राजा की कृपादृष्टि हासिल हो। इस तरह वह एक आश्रय से दूसरे आश्रय की खोज में लगे रहते थे। 1664 से 1672 के बीच गास्तां दोर्लिओं (1608–1660) की विधवा मार्गरीत द लोरें (1615–1672) के आश्रय में बिताये और वहीं ये विख्यात नीतिपरक कविताएँ लिखनी प्रारम्भ कीं। मार्गरीत द लोरें की मृत्यु के बाद वह मार्गरीत द ला साबलियर (1640–1693) की छत्रछाया में चले गये। उनका आश्रय उस समय पेरिस की सांस्कृतिक गतिविधियों का केन्द्र था। यहाँ मादाम की मृत्यु तक उन्हें मदद मिलती रही।

उस दौरान के सांस्कृतिक परिदृश्य पर राजशाही के प्रभाव को दर्शाने के लिए एक उदाहरण देना पर्याप्त रहेगा और इस घटना की, कवि की अनेक कविताओं में अनुगूँज भी सुनाई देती है। फ्रांसीसी अकादेमी में फॉन्तैन के स्थान पर निकोला बुआलो को लिया गया था। क्योंकि सम्राट की यही इच्छा थी। यद्यपि अकादेमी के सदस्यों ने फॉन्तैन का चुनाव किया था। लेकिन इस चुनाव को सम्राट की संस्तुति नहीं मिल सकी। उसके बाद कोलबेर की मृत्यु के पश्चात् ही फॉन्तैन 1684 में अकादेमी में अपना स्थान पा सके।

फॉन्तैन के जीवन के अन्तिम वर्ष बीमारी और मानसिक संताप में गुजरे। 1693 में मार्गरीत द ला साबलियर की मृत्यु के बाद जैसे अकेलापन उन्हें अन्दर ही अन्दर खा रहा था। फॉन्तैन का समय अध्ययन और पादरियों के साथ बातचीत में बीत रहा था। इसी अन्यमनास्कता के बीच उनकी 1695 में मृत्यु हो गयी। फॉन्तैन को सेंत–जोसफ कब्रिस्तान में दफना दिया गया। जहाँ कवि के मित्र, बुर्जुआ समाज के विरुद्ध व्यंग्य करने वाले मोलिएर भी दफन हैं। फॉन्तैन अपने पैतृक जन्मस्थान नहीं लौट सके। शायद पेरिस के उस समाज और सत्ता की क्षुद्रता ही उनके साहित्य के लिए खाद–पानी थी। बाद में उनकी स्मृति को सँवारने के लिए उनके पैतृक स्थल पर एक म्यूजियम बना दिया गया। 1709 में कवि की पत्नी मारी एरिका की मृत्यु हो गयी, जिससे जवानी में फॉन्तैन का तारतम्य नहीं बैठ पाया था।

यदि हम इन कविताओं के ऐतिहासिक स्रोत पर दृष्टि डालें तो गद्य या पद्य में रची लोककथाओं का सदियों से चला आ रहा रूप ही ये 'फेबेल्स' हैं। यहाँ प्राचीन

ग्रीक और रोमन सभ्यता में इनके महत्त्व को चिह्नित किया जा सकता है। जब वहाँ छात्रों को नीतिकथाओं को याद करने और उनका अपनी तरह, अपनी परिस्थिति अनुसार विस्तार करने पर जोर दिया जाता था। जिससे वे अपने दैनिक जीवन या भाषणों में उनका सफलतापूर्वक उपयोग कर सकें।

यूरोप में फेबेल्स के प्रचलन ने मध्यकाल में तीव्रता दिखाई। फॉन्तैन के प्रकाशन के बाद अनेक यूरोपियन लेखकों ने इससे प्रेरणा ली। इनमें पोलिश लेखक इग्नासी क्रासिस्की (1735-1801), इटालियन लेखक जियोवान्नी गेरार्दो द रोस्सी (1754-1827) और आंग्ल लेखक जॉन गे (1685-1732) का नाम प्रमुखता से आता है। भले ही परिस्थितियों में अन्तर आया हो परन्तु आज भी नीतिपरक कथाओं का विस्तार रुका नहीं है। आधुनिक काल में तो ये और भी प्रासंगिक तथा मनोरंजक हो जाती हैं जब अपने पुराने रूप को छोड़कर नयी परिस्थिति और कलेवर में ढलती हैं।

किसी अन्य प्राचीन सभ्यता की तरह ही भारत में नीतिकथाओं का प्रचलन काफी पुराना है। ये इतनी ही प्राचीन हैं जितना 'श्रुति' और 'स्मृति' का अस्तित्व। पहले ये लिखित रूप में उपलब्ध नहीं थीं। बाद में इनका लिखित रूप सामने आया। चूँकि भारत में जानवरों, वृक्ष आदि का भी मानवीकरण करने की पुरानी परम्परा रही है, अत: इस स्तर पर हम अपने आपको इस विधा के और भी करीब पाते हैं। वेद व्यास रचित 'महाभारत' में जहाँ अनेक नीतिकथाएँ हैं, वहीं वाल्मीकि की 'रामायण' में भी इनका उल्लेख मिलता है। यह बात अलग है कि इन दोनों ग्रन्थों में ये अक्सर नीतिपरक उपकथाओं के तौर पर आती हैं। अगर विशुद्ध नीतिकथाओं के ग्रन्थों की ही चर्चा की जाये तो विष्णु शर्मा विरचित 'पंचतंत्र' का उल्लेख किया जा सकता है जो कुछ विद्वानों के अनुसार 1200 BCE से 300 के मध्य गद्य और पद्य में लिखा गया था। 'कथासरित्सागर' और जातक कथाओं में वर्णित अनेक पशु-पक्षियों के चरित्र फॉन्तैन की कविताओं में तथा ईसप की कथाओं में भी आते हैं। पंचतंत्र के साथ कुछ अन्य भारतीय सामग्री के अनुवाद की बात करते हैं तो मालूम पड़ता है कि पंचतंत्र के अनुवाद पहले अरबी भाषा में हुए। उसके बाद ये नीतिकथाएँ, ग्यारहवीं शताब्दी से तेरहवीं शताब्दी के मध्य यूरोपियन भाषा में अनूदित हुईं। फ्रांस में इनका अनुवाद अरबी अनुवाद से हुआ, जिसे 1644 में जिलबेर गौल्में (1585-1665) ने किया था। लेकिन इससे पहले भी वहाँ इस पुस्तक के स्पेनिश और लेटिन अनुवाद उपलब्ध थे। चूँकि फॉन्तैन ने नीतिकथाओं को उस समय की परिस्थिति और अपने आस्वाद अनुसार ढाला, अत: स्पष्ट तौर पर यह कहना मुश्किल है कि वह ग्रीक और लेटिन फेबेल्स स्रोत की तुलना में इनसे कितने लाभान्वित

हुए। फॉन्तैन ने अपनी पुस्तक में एक भारतीय विद्वान के प्रति अपनी कृतज्ञता प्रकट की है। इससे यही निष्कर्ष निकलता है कि वह उस भारतीय लेखक के कार्य से प्रभावित थे। फॉन्तैन की अनेक नीतिपरक कविताएँ इस भारतीय स्रोत से समानता भी रखती हैं। इस तरह देखें तो 'Les fables de Pilpay' पुस्तक के लेखक पिलपे कोई और नहीं बल्कि प्रच्छन्न तौर पर विष्णु शर्मा ही थे। यहाँ यह कहना जरूरी भी है कि जैसे गणित में हुई अनेक खोजें अरब के रास्ते से यूरोप में पहुँचीं उसी तरह लोककथाओं ने भी इस पथ का अनुसरण किया। लेकिन इसका यह तात्पर्य कदापि नहीं है कि यूरोप में नीतिपरक कथाओं का अभाव था। हाँ, इतना जरूर है कि जितना संश्लिष्ट और समृद्ध इतिहास भारतीय कथाओं का रहा है उतना यूरोपियन नीतिकथाओं का नहीं रहा।

पंचतंत्र के बाद करीब दसवीं शताब्दी के आसपास नारायण नामक लेखक ने अधिकांश इसी पुस्तक से तथा कुछ और स्रोतों से नीति कथाओं को चुनकर उन्हें दुबारा लिखा तथा 'हितोपदेश' के नाम से प्रस्तुत किया। इस पुस्तक का अनुवाद 1666 में एक फ्रांसीसी पादरी पियर पोसिने (1609-1686) ने ग्रीक से लेटिन में किया था। इस अनुवाद से भी फॉन्तैन परिचित थे। इसके अतिरिक्त वह भारत से भी अनभिज्ञ नहीं थे, क्योंकि उनके ही एक जानकार यात्री, लेखक फ्रांस्वा बर्निए (1620-1688) ने अनेक देशों की यात्रा के साथ भारत की यात्रा भी की थी। उन्होंने अपना यात्रा वृत्तान्त मुग़ल साम्राज्य पर लिखा था जिससे फॉन्तैन भी लाभान्वित हुए।

अगर देखें तो फॉन्तैन की नीतिकथा 'ग्वालिन और दूध भरी मटकी' को हम पंचतंत्र के साथ ईसप की नीतिकथाओं में भी पाते हैं। चूँकि नीतिकथाओं का सार किसी भी सभ्यता और काल का गुलाम नहीं है अतः फॉन्तैन की अनेक कथाओं में हमें इसकी झलक मिलती है। कुछ विद्वानों के अनुसार फॉन्तैन की नीतिपरक कविताओं में पंचतंत्र की कथाओं की संख्या करीब ग्यारह है। लेकिन यहाँ यह भी नहीं भूलना चाहिए कि इस नीतिकार के स्रोत के रूप में जो नीतिकार जुड़े हैं उन्होंने भी भारतीय स्रोत से सामग्री का चयन किया था।

फॉन्तैन की नीति कविताओं में सबसे ज्यादा सन्दर्भ, ग्रीक नीतिकार ईसप का ही आता है। ईसप की कथाएँ, पंचतंत्र की कथाओं की तरह मनोरंजन के साथ नीति और व्यवहार कुशलता की शिक्षा देती हैं। इनमें हास्य और परिहास भी पाया जाता है। ऐसा अनुमान लगाया जाता है कि ई.पू. छठी शताब्दी के मध्य में ईसप का जन्म हुआ था और वह एक कुरूप व्यक्ति थे जिन्हें दासों का जीवन व्यतीत करना पड़ा। सुकरात, प्लेटो और अरस्तू की रचनाओं में उनकी समृद्ध नीतिकथाओं के संकेत

मिलते हैं। इसके इतर फॉन्तैन ने एक रोमन नीतिकथाकार फेदर से भी प्रेरणा ली। फेदर ने अपनी पुस्तक लेटिन में तैयार की थी। वहीं एक अन्य महान कवि और नीतिकार होरेस की सामग्री का भी स्रोत के रूप में फॉन्तैन द्वारा इस्तेमाल किया गया था। कुल मिलाकर यहाँ यही कहा जा सकता है कि भारतीय नीतिकथाओं के उपयोग के सन्दर्भ अरब देशों के साथ ग्रीक, लेटिन और इस फ्रांसीसी नीतिकार से इस कदर जुड़े हैं कि इस पर अलग से शोध की आवश्यकता है।

फॉन्तैन की नीतिपरक कविताओं में जानवरों और उनकी श्रेणियों का सामाजिक गठन के तौर पर अध्ययन किया जा सकता है। फॉन्तैन की पुस्तक में करीब 25 जानवरों का उल्लेख मिलता है। इन जानवरों के चरित्र को हम पुराने रूप में ही पाते हैं जिसे सदियों से सुनते आ रहे हैं। जैसे शेर शक्ति और महानता का प्रतीक है। वह सर्वेसर्वा है। भेड़िया जंगली, क्रूर और मूर्खता मिश्रित ताकत का प्रतीक है। लोमड़ धूर्तता की हद तक चतुर है। कुत्ता दया और वफ़ादारी के लिए जाना जाता है। बन्दर को एक नकलची लेकिन होशियार जानवर के तौर पर देखा जाता है। जहाँ बिल्ली के दिमाग पर स्वार्थ, मक्कारी और क्रूरता हावी हैं, वहीं बेचारा गधा हमेशा की तरह हुकुम सुनने का आदी एक मूर्ख जानवर है। इस तरह इन जानवरों को इन नीतिपरक कविताओं में उनके स्वभाव और कार्य के आधार पर तीन भागों में बाँटा जा सकता है—

- पहली श्रेणी में शक्तिशाली जानवर आते हैं। यहीं दूसरी ओर वे जानवर भी हैं जो तेज दिमाग रखते हैं और धूर्तता की हद तक कार्यों को अंजाम देते हैं। जैसे—शेर, भेड़िया, लोमड़ी, बाज, चील, गिद्ध, बन्दर, बिल्ली आदि।
- कमजोर और सताए हुए जानवर जैसे—बकरी, भेड़, गधा, चूहा, मछली आदि दूसरी श्रेणी के पात्र हैं।
- तीसरी श्रेणी में आने वाले पशु जैसे—हाथी, सर्प, चूहा, मेढक इत्यादि हैं। ये कभी ताकतवर दीखते हैं और कभी कमजोर भी पड़ सकते हैं। असल में इनकी वीरता सामने आने वाली परिस्थिति और इनसे टक्कर लेने वाले जानवरों के ऊपर निर्भर करती है।

यद्यपि फॉन्तैन को कुछ प्रसिद्धि अपने समय में ही हासिल हो गयी थी। लेकिन समय-समय पर उनकी भाषा और शैली पर कटाक्ष भी होते आये हैं। जैसे दार्शनिक रूसो (1712-1778) और कवि अल्फॉन्स द लामार्तिन (1790-1869) के अनुसार ये नीति कविताएँ बच्चों और वयस्कों के लिए भी उग्रता लिए हैं। यह भी कहा गया कि उनकी कविताएँ दया भाव की अपेक्षा चतुराई पर अधिक बल देती हैं। जैसे

कि 'टिड्डा और चींटी' नामक कविता को पढ़कर, बच्चों के हृदय में निकम्मे टिड्डे के प्रति सद्भावना जागती है क्योंकि चींटी ने उसकी मदद नहीं की थी। इस तरह बच्चे कविता से शिक्षा लेने की अपेक्षा, दूसरी ही दिशा में आगे बढ़ जाते हैं। इसके अतिरिक्त कविता 'भेड़िया और मेमना' का सन्देश बच्चों को भ्रमित करता है कि बाहुबली जो भी अच्छा-बुरा करता है, सही करता है। लेकिन यहाँ उनके सन्देशों में छिपी वक्रोक्ति को समझने की जरूरत है। वह हमेशा मूर्खता और ठगे जाने के विरोधी थे। इसी कारण उनकी नीति के आख्यानों में सामाजिक विषमता, पाखंड और मानवीय कमजोरियों पर व्यंग्य किया गया था, जो अनेक तरह से व्यक्त हुआ।

बीसवीं शताब्दी के प्रारम्भ में इन शिक्षाप्रद कविताओं को जैसे ख़ारिज करने की होड़ ही लग गयी। इन आरोपों में उनकी सामग्री की मौलिकता पर प्रश्न उठाये गये तथा मूल स्रोत की आत्मा से उनकी नीति कविताओं को अलग पाया गया। इसके साथ उनके द्वारा विरचित कविताओं की संरचनाओं पर भी टिप्पणी की गयीं। लेकिन बाद में इन विचारों में परिवर्तन आया तथा कवि के विवेक और उनके कौशल को चिह्नित किया गया। अन्ततः माना गया कि मूल स्रोत से रचनायें लेकर, उन्हें काट-छाँटकर परिस्थिति के अनुसार ढाला जा सकता है। उन्हें अपने तरीके से इस्तेमाल किया जा सकता है। खैर, जो भी हो व्यंग्य के सन्दर्भ में इन नीतिपरक कविताओं की लोकप्रियता माता-पिता, शिक्षकों और आलोचकों के मध्य सतत बनी रही है।

फॉन्तैन की इन कविताओं के एक से ज्यादा अर्थ लगाये जाते रहे हैं। शायद यही नीतिकथाओं की विशेषता है, जहाँ पाठक अपनी मानसिकता का विस्तार देखता है। ये नीतिपरक कविताएँ किस व्यक्ति विशेष या परिस्थिति को लक्ष्य करके लिखी गयी थीं। इस प्रकार इस बिन्दु को ध्यान में रखने पर हमें उनके सन्दर्भ में अनेक घटनाओं, तथ्यों के प्रमाण मिलते हैं जिनमें से अधिकांश का कविता के साथ उल्लेख कर दिया गया है। लेकिन अनेक कविताओं के लक्ष्य के बारे में अनुमान ही किया जा सकता है।

इस अनुवाद का मूल उद्देश्य कथ्य की रक्षा करने के साथ कवि की भाव व्यंजना, सरलता और चुटीलेपन को प्रस्तुत करना रहा है। इन फेबेल्स का सौन्दर्य उनके तुकान्त होने में भी है। जिससे वे आज भी पाठकों को याद रहती हैं। मैंने भी इन्हें छन्द से अधिक मुक्त नहीं किया है। एक बात और, यहाँ प्रत्येक कविता के दो शीर्षक दिये गये हैं जिनमें प्रथम, मूल कविता के शीर्षक का अनुवाद है। दूसरा कोष्ठक में बन्द शीर्षक, कविता की आत्मा और उसके सार को बहुत निकट से प्रतिबिम्बित करता है। मूल पाठ में प्रथम शीर्षक ही उपलब्ध है। इस दूसरी पंक्ति

की जरूरत मुझे इस लिए महसूस हुई जिससे कि पाठकों को इन नीति कविताओं के और भी अधिक निकट लाया जा सके। वैसे भी मात्र शीर्षक में परिवर्तन कर देने से इन कविताओं का लक्ष्य परिवर्तित हो जाता है। यहाँ पशु–पक्षियों का तो मात्र बहाना है। असली पात्र तो मानव है जो अपनी तमाम कमजोरियों के साथ कविता के केन्द्र में उपस्थित है। यह पुस्तक बारह खण्डों में विभाजित है। चुनी हुई रचनाओं के क्रम में परिवर्तन भी सम्भव है। इसका कारण यह है कि फॉन्तैन की कुछ रचानाएँ उनकी मृत्यु के बाद प्रकाशित हुई थीं। इसके साथ ही कुछ फ्रांसीसी संस्करणों में रचनाओं के क्रम संयोजन में भिन्नता भी पायी गयी है।

हर बार भाषा और अनुवाद के रास्ते में आने वाली तकनीकी दुरूहता को दोहराने की अपेक्षा मैं इस अनुवाद को विनम्रतापूर्वक पाठकों के समक्ष प्रस्तुत करता हूँ। अन्तिम निर्णय पाठकों का ही होगा।

—मदन पाल सिंह

अनुक्रम

पहली पुस्तक

दूसरी पुस्तक

तीसरी पुस्तक

चौथी पुस्तक

पाँचवीं पुस्तक

नौवीं पुस्तक

दसवीं पुस्तक

ग्यारहवीं पुस्तक

बारहवीं पुस्तक

परिशिष्ट

लुई दोफ़ै (1661–1711)

फ़ॉन्तैन ने अपनी नीतिपरक कविताओं की प्रथम छह पुस्तकें राजकुमार लुई दोफ़ै (1661–1711) को समर्पित की थीं। फ़्रांस के राजा लुई चौदहवें और रानी मारी तैरेज़ के इस पुत्र की आयु उस समय सात वर्ष थी।

पहली पुस्तक

टिड्डा और चींटी (श्रीमान गायक को कर्ज!)

टिड्डा बड़ा मस्त, गाये मस्ती के गाने
ग्रीष्म ऋतु गयी बीत, खत्म उसके तराने,
जब ठंडी उत्तरी हवा चली, उसे कुछ होश-सा आया
रंक बना मस्ती में, घर सब खाली पाया।

नहीं एक दाना-टुकड़ा था घर के अन्दर
मक्खी, कीट बचा नहीं था कोठार पर,
फाके का दौर, बड़ी भूख लगी थी
खटकाता द्वार पड़ोसन का, चींटी से विनती की—

'मुझे चाहिए दाने, पड़ोसन मेरी प्यारी
सिर्फ नये मौसम तक, नहीं यह ऋण है भारी,
अदा करूँगा कर्ज,' कसम उसने फिर खाई
'अगस्त से पहले मूल-ब्याज, करूँ चुकता पायी।'

ऋण और बहीखाता, चींटी को नहीं भाया
वह नहीं देगी कर्ज, जो मेहनत से कमाया,
'कुछ तो करो बयान? कहाँ थे तुम खोये?'
चींटी बोली टिड्डे से, 'गर्मी में कहाँ थे सोये?'

'गर्मी में गाये गीत,' दुखी-सा टिड्डा बोला
बड़ी आशा से चींटी को फिर उसने देखा,
चींटी बोली—'तुमने गाये गीत, मुझे खुशी है भारी
अब खाली पेट नाचने की करो तैयारी।'

कौआ और लोमड़ी (चापलूसी का पनीर)

एक कौआ बैठा था पेड़ की टहनी पर
हर्षाया था चोंच में पनीर का टुकड़ा लेकर,
और लोमड़ी ललचायी, मुँह में आया पानी
देखो, पनीर की खुशबू से कैसे बदले उसके स्वर!

'हैलो! नमस्ते मिस्टर काक, कैसे हैं आप?
बड़े सुन्दर लगते हो! बड़े अच्छे जँचते हो!'

'सचमुच, तुम हो एक गायक मधुर बड़े
तुम महान फीनिक्स[1] जंगल के, तुम्हारे क़िस्से सुनते,
और तुम्हारे पंखों के रंग-रूप सजावट पर
सुन पाती तुम्हारा गीत, ओ मेरे कान तरसते।'

इन शब्दों को सुनकर काक मस्त हो गया
गीत गाने के लिए अपनी चोंच खोल गया,
पनीर का टुकड़ा गिरा जमीन पर नीचे जाकर
लोमड़ी हँसी, पनीर खाती, जीभ वह चटकाकर।

पनीर खाकर, लोमड़ी कौए को शिक्षा देती-
'देखो! चापलूसों की ज़िन्दगी मूर्खों पर पलती,
कोई बात नहीं, तुमने पनीर गँवाया
पर इसके बदले में सबक आज तुमने पाया।'

कौआ सिर झुकाकर लाजवाब हो गया
देर से ही सही
उसने कसम खायी
कि नहीं फिर ऐसा होगा।

---

1. प्राचीन सभ्यताओं जैसे यूनान, चीन और मिस्र की मिथक कथाओं के अनुसार, एक सुन्दर पक्षी जो एक निश्चित काल-अवधि के बाद जलकर खाक हो जाता है और उसकी राख से एक नया फीनिक्स पक्षी जन्म लेता है जिसकी आयु पुराने पक्षी जितनी ही होती है। इस पक्षी को सूर्य के तेज से भी जोड़कर देखा जाता है। ऐसा भी माना जाता है कि इसकी चीख में एक अद्भुत मधुरता होती है।

मेंढकी और बैल (मध्यम-वर्ग की व्यथा)

एक छोटी मेंढकी हमेशा सोचा करती—
कैसे दिखे बैल की तरह, मिले इज़्ज़त और ख्याति।

बैल बना उसका आदर्श, उसका चैन खो गया
वह अण्डे जैसी तुच्छ, अब कैसे होगा?
वह धूर्त साथ ही मूर्ख, सिसके पेट फुलाये
फूले मेरी काया, यह सही उपाय।

वह इसी चिन्ता में रहे, अपना पेट फुलाती
दूसरी मेंढकी के साथ वह फिर बतियाती—
'अच्छी तरह देख, मेरी बहन छोटी
मैंने पेट फुलाया, क्या मैं बैल-सी दिखती?'

दूसरी मेंढकी ने जवाब दिया—
'नहीं अभी नहीं, तुम श्वास और भरो
कोशिश करो, तुम्हारी जय हो! स्वप्न पूरा करो।'

मेंढकी बिना रुके अपना पेट फुलाये
पेट फटा, उस मूर्खा ने फिर प्राण गँवाये।

यहाँ बहुत से लोग, न सीमा मूर्खता की
मध्यमवर्गीय लोगों के सपने सामन्ती,
एक अदना राजकुमार राजदूत रखना चाहे
और मार्किज़[1] बिन दासों के चैन न पाये।

---

1. पुराने फ्रांस और यूरोप में शाही पद प्राप्त मध्यम स्तर का सामन्त।

दो खच्चर (जिम्मेदारी)

दो खच्चर अपना ढोते बोझा
एक पर लदे जई के बोरे
दूसरे पर धन-असबाब, टैक्स के भरे थैले
दोनों को रास्ता एक, मंजिल पर निकल पड़े।
टैक्स वाला खच्चर अकड़ में चलता था
मन में वह गर्वित पैर कुछ जोर से रखता
घण्टी उसकी बजे शान से पूँछ फड़काता,
जई वाला खच्चर शान्त, धीमे कदम बढ़ाये
नहीं कोई गर्व, हीन न शान दिखाये।

दोनों जंगल से गुजरे, जहाँ सुनसान बड़ा
चोरों का दल वहाँ से गुजर रहा था,
देख खच्चर की शान, वे गये समझ
खच्चर की थामी लगाम, धन वे रहे लपक,
खच्चर के सिर पर ताज—'एक बड़ी जिम्मेदारी'
इधर-उधर भागा, कोशिश धन बचाने की,
इस द्वन्द्व में चोरों को आया क्रोध भयंकर
छुरा खच्चर को घोंप दिया
गिरा वह पटकी खाकर।

खच्चर नीचे गिरा, दर्द से रहा तड़प
सोच रहा था—
'आज मुझे यह फल क्यों मिला अजब ?'
उच्च-सेवा, वादे-जिम्मेदारी सब यहीं रही
मेरा साथी दिया छोड़, मेरी दुर्गति की!

वह तड़प रहा था और साथी खच्चर को तकता था
दूसरे खच्चर ने सिर झुकाकर यूँ कहा—
'जिम्मेदारी नहीं हमेशा एक पुरस्कार
कभी-कभी बन सकता यह महाकाल,
यदि मैं ढोता धन, आज मैं मरता
यदि तू ढोता जई, डाकू प्राण न हरता।'

भेड़िया और कुत्ता (राजपथ के अनुगामी)[1]

एक भेड़िया कमजोर, खाल-हड्डी का ढाँचा
देखा मोटा कुकुर, भेड़िया सूखा काँटा,
मोटा-ताजा कुत्ता मृदुभाषी लगे सुहाना
भेड़िया सोचे—
'क्यों न कुकुर बने आज उसका खाना,'
पर यह कोशिश होती व्यर्थ
भेड़िया शिकार नहीं कर पाया
वह जायेगा हार अब अपना दिमाग़ लगाया,
भेड़िया बोला—
'कितने भारी तुम हो मेरे सरकार
क्या खूब सेहत पायी, मैं करूँ विचार!'
कुत्ते ने जवाब दिया—
'यह बात नहीं कोई अचरज की
अरे जंगल छोड़ो, चमक पाओ तुम सेहत की,
व्यर्थ यहाँ दुख भोगो, तुच्छ बन जाते
न मरो न जिन्दा रहो, त्रिशंकु कहलाते,
मेरे पथ के मित्र बनो तुम अनुगामी
व्यर्थ गलाओ ना सेहत और जवानी!'
भेड़िये ने पूछा—
'लेकिन काम मुझे क्या करना होगा?
बिना काम के कोई नहीं मुझे टुकड़ा देगा।'
कुकुर ने तपाक से जवाब दिया—
'भाई, नहीं तुम्हें कोई हल चलाना
दरबारियों को देना शिकार

---

1. इस कविता में फॉन्तैन ने अपने समय की राजव्यवस्था पर कटाक्ष किया था। यहाँ कुत्ता दरबारी और सामन्तों का प्रतीक है तथा उनका मालिक राजसत्ता का।

फिर जनता और भिखारियों पर चिल्लाना,
मालिक का मनोरंजन बस क्लब एक ठलुआ
करता बड़ा दुलार, चाटता जब मैं तलुवा,
और देखो
इस सेवा के लिए तनख्वाह अच्छी पाता
मुर्ग, कबूतर की झूठी हड्डी, प्रेम से चबाता।'
भेड़िये ने तारीफ की कुकुर सेवा की
कुकुर हर्षाया, उसकी प्रेम से आँखें भीगीं।
दोनों साथ चले, भेड़िये ने देखा
कुत्ते के गले पर निशान
जैसे किसी ने नोचा,
जब भेड़िये ने पूछा, कुकुर की पोल खुली
करे बातें इधर-उधर, मिलाये गाजर में गुठली,
पर जब भेड़िये ने दिया जोर, कुकुर स्वीकारे
बोला—
'पट्टा—एक ताबीज गले में बंधे हमारे,'
भेड़िये ने भृकुटि तानी—
'तुम हो पराधीन, दासता के मारे
बने हीन गुलाम, नीच मालिक के प्यारे,'
कुत्ते ने तर्क दिया—
'इससे क्या फर्क पड़े? मिलता है भोजन
तुम्हारी तरह हड्डी तो नहीं करतीं कीर्तन।'
भेड़िया तमतमाकर बोला—
'तुम्हें मुबारक तश्तरी तलवा-चाटी
नहीं चाहिए वह पकवान जो छीने आजादी।'
भेड़िया भागा तेज, सुध रही ना तन की
कुकुर ने गर्दन झुका सुध ली राजपथ की।

भेड़, गाय, बकरी और सिंह की संगति
(अजब तन्त्र की गजब दास्तान)

यह किसी समय की बात
जब गाय, भेड़ और बकरी
जंगल का राजा 'पंच' उनका पड़ोसी,
अजब तन्त्र के जंगल में वे रहते थे
और कैसे ?
लाभ-हानि के साथ मिल बाँटकर खाते थे !
एक दिन गाय की झील में एक हिरण गिरा
वे इकट्ठे हुए, बँटवारा जो होना था
सिंह तुरन्त 'पंच' की भूमिका में हुआ प्रकट
और पंजा हिलाकर बोला—
'हिरण चार भागों में बँटेगा,
मैं जंगल का राजा तो पहला मेरा हिस्सा
दूसरा हिस्सा भी मेरा, तर्क से समझा सकता
चूँकि मैं जंगल का सरताज वीर अतिभारी
अत:
दूसरे हिस्से का भी मैं हूँ अधिकारी,
और सुनो ध्यान से !
तीसरे भाग का भी मैं हूँ भाग्य विधाता
मैं सक्षम-साहसी नेता, आगे कदम बढ़ाता,
फिर चौथे भाग के बारे में जो सोचेगा
उसका वध करूँ, कोप से नहीं बचेगा।'

इस तरह चारों भाग शेर ने हथियाये
वे तीनों देखती रहीं, नहीं फिर कान हिलाये।

पीठ का पिट्ठू (नुक्ताचीनी)

एक दिन जुपिटर[1] ने किया ऐलान
जो भी जीवित जीव, सुने लगाकर ध्यान—
'सब इकट्ठे हों, नहीं कोई बचेगा
होगी खुली सभा, कमियों का पता चले
जो भी त्रुटि होगी उससे छुटकारा होगा,
अतः यदि नहीं सन्तुष्ट स्वयम् या और किसी से
खुलकर करें बयान जरा भी ना हिचकें।'

सब इकट्ठे हुए, देव का हुक्म सुना
जुपिटर ने प्रथम वक्ता बन्दर कुमार को चुना।
जुपिटर बोले—
'आओ बन्दर कुमार दिखाओ साहस
तुम आलोचना करो, जगाओ हमारा मानस
तुम अच्छे वक्ता तुलना में अधिक निपुण
सुनें तुम्हें, दूर-दूर तक बैठे यहाँ जीवगण।'

बन्दर तमक कर बोला—
'मैं बिलकुल सही हूँ, मैं भी चार पैरों पर चलता
और मेरा चेहरा खूब सलोना
मैं श्रेष्ठ, इसकी तुलना नहीं करता,
पर मेरा सहयोगी भालू एक बड़ी गलती
प्रभु की रचना पर लगी एक काली बिन्दी,
यदि भालू मुझ पर विश्वास करे
वह सहमत होगा
जो भी मैंने कहा, नहीं आहत होगा।'

1. रोमन मिथक के अनुसार देवताओं में सर्वोच्च देव। पृथ्वी और आकाश के स्वामी।

भालू हुआ हीन, भद्दा सबने सोचा
खीस निपोरकर उसने भी हाथी के सिर पर मटका फोड़ा,
इस तरह भालू बना हाथी का आलोचक
बोला—
'वृथा बड़े कान छाज से रहे लटक
और छोटी इसकी पूँछ हाथी पर नहीं सजे
कानों को छोटा करो, पूँछ कुछ बड़ी लगे।'

हाथी ने बड़े ध्यान से बात सुनी
शान्त खड़ा रहा, फिर व्हेल पर टिप्पणी की—
'देखो, व्यर्थ में वजन व्हेल ढोती
यदि भार हो कम तो लगेगी परी जैसी।'
इस तरह लम्बा दौर चला तुलना-आलोचना का
चींटी को आकार छोटा लगा पनीर और आटे के सूक्ष्म कीटों का।
देव ने सभा विसर्जन का किया ऐलान
और सुनकर लम्बी जिरह-शिकायत,
अपना माथा पीटा।

हर कोई यहाँ बिलाव, जिसे दूर का दीखे
दूसरों के अवगुण भाँपे, स्वयं को श्रेष्ठ कहे
और छछूँदर की लोगों में पाते वृत्ति
वह अपनी अन्ध-भक्त
जिसे खुद के अवगुण, बदबू महसूस नहीं होती।
इस तरह खुद की कमियाँ ढोते कमर पर
देख नहीं सके, हाथ नहीं जाता ऊपर
और दूसरे के अवगुण गले में लटके होते
जब चाहे दिखाएँ, दूसरों पर हँस सकते।

शहर का चूहा और गाँव का चूहा

(महाभोज और खतरा)

एक बार की बात, एक था चूहा शहरी
गाँव के चूहे से दोस्ती गहरी
बड़े आदर से उसे शहर बुलाया
'शाही पक्षी की बची-खुची हड्डियों का भोग लगाएँ'
—उसे समझाया।

वहाँ तुर्की का सुर्ख कालीन बिछा
बड़ी चमक-दमक, काँटे, छुरी, चमचा
मैं ख़ामोश रहूँ
और दोनों दोस्त आनन्द लें
दावत का रंग ही ऐसा था।

महाभोज का मस्त वहाँ चढ़ा सुरूर
सब कुछ वहाँ मिला, मात्रा भरपूर
तभी अचानक भोज में पड़ा विघ्न
खंतरनाक आवाज़ थी
हड्डियाँ करतीं कीर्तन।

दरवाज़े के पास थी आहट
कैसा यह वितंड मचा नाहक!
पहले शहरी चूहा कूदकर भागा
ग्रामीण हक्का-बक्का, पूँछ नीचे की,
वह भी रफूचक्कर, रुक नहीं सका।

जब थमी यह आवाज़ भयंकर
दोनों चूहे खाने की थाली पर,
शहरी चूहा बोला—
'देखो, संकट रहा नहीं
करो बाकी भोजन, कल का पता नहीं।'

ग्रामीण डकार लेकर बोला—'मित्र मेरा पेट भरा
कल मेरे घर पधारो अहोभाग्य मेरा
शायद मिलें नहीं वहाँ ठाठ राजसी
सादा खाना पर वहाँ मिले शान्ति।'

शहरी चूहे ने उत्तर दिया—
'यहाँ मुझे नहीं लगता डर
मैं अपना भोजन करता बेफिक्र होकर।'
ग्रामीण ने विदा ली—
'तुम्हें विदा दोस्त मेरे,
मुझे नहीं चाहिए भय, खुशी का दुश्मन भारी
चैन मिले नहीं, दिमाग पर करे सवारी।'

भेड़िया और मेमना (बाहुबली)

बाहुबली जो भी करे ... 'सही' हो जाता
देखो, मैं सिद्ध करता हूँ अभी
दुनिया में ऐसा ही होता है!

एक मेमना प्यासा
छोटे नाले में प्यास बुझाने आया
उधर एक भेड़िया खूनी, जिसका पेट था खाली
शिकार खोजता, पंजों से करता तैयारी,
उसने मेमने को देखा, वह हर्षाया
और दाँत दिखाकर बड़े जोर से गुर्राया—
'ओ धृष्ट, मेरे पानी को तू करता गन्दा
तुझे दंड मिलेगा, मेरे कोप से बच नहीं सकता।'

'शान्त हों श्रीमान!'—मेमना थर्राया
और सिर झुकाकर भेड़िये को यूँ समझाया—
'मैं अपना गला तर करने यहाँ चला आया
मैं बीस कदम दूर आपसे पानी पीता
और नदी भी मेरी ओर बहती
फिर मैं कैसे कर सकता पानी झूठा और गन्दा?'
'नहीं, तुम ही पानी गन्दा करते हो'—भेड़िया गुर्राया
'और पिछले साल तुमने मुझे बुरा बतलाया।'
अब मेमना मिमियाया—
'यह कैसा इल्जाम! मेरा इस साल जन्म हुआ
मैं एक छोटा दूध पीता बच्चा, मैंने कुछ नहीं किया।'
भेड़िये ने फिर खेला नया पैंतरा—
'यदि नहीं थे तुम, दुष्ट तुम्हारा था वह भाई
मुझे बेइज्जत किया, उफ! मेरी रुसवाई।'
'मैं हूँ सबसे छोटा, नहीं मेरा कोई भाई।'
मेमने ने जैसे अन्तिम गुहार लगाई।
भेड़िया चीखा—

‘तुम लोगों में से ही कोई था
तुम, तुम्हारा रखवाला गडरिया
कुत्तों की फौज वाला
मेरी मिट्टी करी ख्वार
जरूरी है कि मैं लूँ बदला।’

इसके बाद दुष्ट भेड़िया गुर्राता
मेमना दिया मार और जंगल में उसे खींच
वह अपनी भूख मिटाता,
और मुकदमे पर खाक डाल
देखो ...बाहुबली जो करे ... ‘सही’ सिद्ध हो जाता।

आदमी और उसकी छवि[1]
(दर्पण झूठ ना बोले)

एक आदमी समझे स्वयं को श्रेष्ठ महान
अपनी नजर में हीरा, भ्रम का आह्वान,
दर्पण उसके लिए मिथ्या की गाथा
अपनी दुनिया में श्रेष्ठ, त्रुटियों में गोता खाता।

लेकिन दुनिया के शीशों से नहीं बचे
कितने दर्पण यहाँ दुनिया में बिखरे,
घर में दर्पण लगे, दुकानों में शीशे
महिलाओं की पेटी पर्स पर काँच का काम सजे।

वह बना नारसियस[2] ज्यादा क्या कर सकता
छिपा दूर जाकर अपने 'अक्स' से बचता,
स्वयं की कमियों से बहुत दूर जाकर
सत्य पर पर्दा डाले, ना देखे साहस कर।

निर्जन एक स्थान जहाँ वह रहता था
वहीं स्वच्छ जल नाले में बहता था,
वह हुआ बहुत क्रुद्ध नयन रखे बचाकर
न दीखे अपनी छवि, प्रभु नाला गायब कर।

---

1. यह कविता रॉशफौको के सामन्त को समर्पित की गयी थी।
2. ग्रीक कथाओं में वर्णित एक चरित्र जिसे स्वयं के सौन्दर्य से अतिशय प्रेम था। वह अपनी त्रुटियों से मुँह फेरता था तथा अपने चाहने वालों की अवहेलना करता था।

लेकिन क्या ऐसा सम्भव हो सकता है
क्या नाला उससे दूर जाकर बह सकता है!

वह मिथ्या सोचे कि दुनिया बनी मरीचिका
पीछा मेरा करें चैन न लेती पल का।

इस छोटी कविता में कहता है कवि
'स्वयं को समझे श्रेष्ठ', सच जानने का साहस ही नहीं[1]
कि अपनी गलती त्रुटि का करे विवेचन
खुद को पहचान, ना मिथ्या ताने बुन।

यहाँ काँच और पानी बना आत्मा का दर्पण
कुछ भी छिपे नहीं, दीखता उसमें तन-मन।

---

1. कविता के उत्तरार्ध को सम्पादित किया गया है। मूल कविता में 'मॉक्सिम की पुस्तक' के सन्दर्भ को हिन्दी अनुवाद में नहीं लिया गया है। जिससे कि हिन्दी अनुवाद सरल और अधिक ग्राह्य बन सके।

चोर और गधा (मूर्ख चोरों की कलह)

दो चोरों की एक साझा सम्पत्ति
एक गधा जो चुराया था कभी,
पहले चोर का मत था—'गधा बेचें, दाम बनाएँ।'
दूसरा बोला—'नहीं, इसे पालें, घर की शान बढ़ाएँ।'

फिर हुआ दोनों में द्वन्द्व, दोनों भिड़ते
करते धक्का-मुक्की दोनों धरा पर गिरते,
देखो भाग्य का फेर, तीसरा चोर फिर आया
गधे की पीठ पर बैठ हुआ नौ-दो-ग्यारह।
गधा दावे का विषय, आफत बेचारे की
हमने ट्रांसिलवेनिआ, तुर्की और हंगरी को चोर-राज की संज्ञा दी।[1]
और दो के स्थान पर तीनों की बुनी कहानी
बेचारे गर्दभ के लिए यह संख्या काफी थी,
वे लड़ते रहे गधे की खातिर
चौथे ने कब्जाया गधा, न वापस आया फिर।

1. 1661 में तुर्की का ट्रांसिलवेनिआ और हंगरी के साथ एक क्षेत्र विशेष पर क़ब्ज़ा करने सम्बन्धी विवाद का सन्दर्भ।

मौत और बदकिस्मत (यम से मुलाकात-एक)

मौत की मिन्नत करे एक दुखी बेचारा
रोज उसे याद करे, दिन भर उसे पुकारा—
'ओ सुन्दर मृत्यु आओ मेरा जीवन ले लो
तन-मन मुक्त हो, मुझे आलिंगन दो।'

यम ने सुनी आवाज, रहम फिर उसको आया
द्वार पर दस्तक दी, नाम ले उसे बुलाया
उसने यम देखा, काँपा, चक्कर खाता था
पल भर में ही दुख से भरकर चिल्लाया—

'मैं क्या देखता यह चीज भयंकर!
मैं काँपूँ थर-थर, इसे सहूँ ना पलभर,
क्यों इस तरह यम तुम आ जाते
महान मैकनॉस[1] ने क्या कहा, कुछ पता तुम्हें ?'

'चाहे शरीर की शक्ति का हो ह्रास
मैं बनूँ हीन-गरीब, अपंग, घेरे सन्ताप
पर मैं जिन्दा सुखी, जीवन की न कोई तुलना
चाहे कितना पुकारे हम, मौत तुम हमें छुओ ना।'

---

1. रोमन सम्राट अगस्तस का मित्र, एक योद्धा तथा कला और साहित्य का संरक्षक।

लकड़हारा और मौत (यम से मुलाकात-दो)

एक गरीब लकड़हारा, लकड़ियों का बोझ लदा
लकड़ी के गट्ठर और जिन्दगी से थका,
मच्चक-मच्चक चले, मन में भिन्नाए
अपनी छोटी धुँआभरी झोंपड़ी की ओर
गरीब कदम बढ़ाये।

नहीं रही शरीर में जान, टूटा थका दर्द से
गट्ठर दिया फेंक सोचता दुख जीवन के—
'क्या एक पल सुख मिला, जबसे वह जन्मा?
इस धरती पर
क्यों वही सबसे दरिद्र, कोल्हू का बैल बना?
रोटी के लाले, ना आराम मिलता
बीवी-बच्चे, कर-किराया और सिपाहियों की दावत[1]
वही चक्की में पिसता,
ऊपर से साहूकार, काम के बोझ तले
जीना हुआ दुश्वार, जिन्दगी नहीं चले।'

वह यम को करता याद, मौत हाजिर हो जाती
'कैसे किया याद' वह करती है विनती
लकड़हारा डरकर बोला—
'कुछ खास नहीं, तुम्हारी मदद चाहिए
मेरी पीठ पर गट्ठर रखो, मुझे अब चलना चाहिए।'

इस तरह जब मृत्यु संकट हरने आ जाती
फिर छिपती फिरे छाया मानव की,
मौत से बेहतर लगे, मानव को दर्द उठाना
यही मानव का उद्देश्य, चिन्तन कभी रुके ना।

---

1. पुराने समय में फ्रांस में स्थानीय रक्षक या सैनिक अपने सैनिक अभियानों के दौरान गाँवों में ही रुकते थे और घर के मालिक को उनके खानपान का इन्तजाम करना होता था।

अधेड़ आदमी और उसकी दो प्रेमिकाएँ
(खाल पर रहे न बाल)

एक अधेड़ श्रीमान
जिनके बाल पक रहे थे
उनके विचारों ने करवट बदली, सोचा
कि विवाह करें,
मिले सेवा-भाव, आनन्द में वृद्धि
और इसके लिए मुद्रा की थैली भी भरी थी।

अनुकूल प्रेमल वधु चुनना जरूरी था
अतः कठिन परीक्षण में अपने लिये
जरूरी है उचित का चुनाव
पर कोई जल्दी भी नहीं थी।
फिर दो विधवाओं ने उसका हृदय जीता
उनमें एक थी हरी-भरी यानी जवान
और दूसरी उम्रदराज
बढ़ रहे थे उम्र के निशान
जिन्हें प्रसाधन की युक्ति से छिपाती थी।

ये दो स्त्रियाँ मस्तानी
दुल्हन की प्रत्याशी,
अधेड़ के साथ रंगरेलियाँ मनाती थीं
और कभी-कभी श्रीमान के बालों को भी सँवारती थीं।
इस तरह दो सुन्दरियों के बीच एक श्रीमन्त,
जवान औरत उनके सफ़ेद बाल चुनती थी
यानी श्रीमान को जवान बनाना था
और दूसरी उम्रदराज, काले बालों को निकालती थी
उसे अपनी उम्र की नाव में जो सवार कराना था।
इस तरह गये सफ़ेद और काले बाल

सिर्फ बचा खल्वाट सर
जैसे उजड़ा मकान।

श्रीमान ने जब देखा यह हाल
बोले—
सुन्दरियों हजार बार धन्यवाद तुम्हें
तुमने मुझे गंजा कर जो सबक दिया
मैंने बाल खोये
पर इससे ज्यादा ज्ञान मिला,
तुम्हारी पसन्द अलग
अलग प्राथमिकता
पृथक वृत्ति, अलग रास्ता
जो तुम्हें सही लगा तुमने चुना
मेरा गंजा सिर मेरे पास रहा!
जीवन की नाव में ऐसी सवारी का स्थान कहाँ!!

लोमड़ी और सारस (ईंट का जवाब पत्थर)

मिस सारस और लोमड़ दोस्त, दोनों बातूनी
एक दिन लोमड़ ने सारस की दावत की,
उस दिन लोमड़ ने पकाया खाना सादा
थाली में दिया परोस, तिरछा मुस्काता।

सारस की लम्बी चोंच भोजन कैसे करती
केवल भीगी चोंच, मुँह तक नहीं आया कुछ भी,
लोमड़ कनखी से देखे और मुस्काता
सारा भोजन चट किया, होंठ पर जीभ फिराता।

फिर एक दिन सारस ने सबक सिखाने की सोची
कहा उछलकर—
'ऐ दोस्त मेरे, मैंने कभी नहीं तुम्हारी दावत की।'

फिर निश्चित दिन, लोमड़ सारस के घर आया
मिस सारस ने प्रेम से उसको बिठलाया,
वह रसोई में जाकर तैयारी करती
और बीच-बीच में बातों का वह छोर पकड़ती।

लोमड़ हुआ मस्त जब खुशबू गोश्त की आती
बना बहुत उदार, कहा—
'तुम रानी पाक कला की।'

सारस ने सुराही में फिर परोसा भोजन
यह था उसको सबक सिखाने का आयोजन,
सारस आराम से बर्तन में चोंच डालती
और शोरबों के साथ मांस की बोटी खाती।

लोमड़ एक भी टुकड़ा नहीं चख पाया
ढली पूँछ और कान, माजरा समझ में आया,
वहाँ से भागा तेज बड़ा शर्मिन्दा होकर
जैसे को तैसा, 'जवाब ईंट का पत्थर'।

बच्चा और उपदेशक (गल-गप्पड़)

मैं इस कविता में यह दिखलाना चाहता
कि कभी-कभी उपदेशों की व्यर्थ होती है वर्षा।
एक बच्चा सैन नदी[1] किनारे मस्ती करता था
गिरा नदी में जब वह तट से फिसला था,
बहा नदी में पर प्रभु ने उसे बचाया
नम्रा वृक्ष की डाल को उसने कब्जाया।
तभी वहाँ से गुजरे एक शिक्षक-ज्ञानी
बच्चा चिल्लाया—
बचाओ! बचाओ! मैं डूबा, मेरे जीवन की हानि,
फिर सज्जन ने बच्चे की तरफ लखाया
पर मदद से पहले
उपदेशों का पुलिन्दा खोल कर दिखलाया—
'शैतान बन्दर, यह कैसी नादानी
ऐसी सन्तान से माँ-बाप दुखी
क्योंकि बच्चों की करतूतों से अज्ञानी।'
इधर-उधर की मिसाल, उपदेशों की झड़ी लगाकर
बाद में बच्चे को पहुँचाया ज्ञानी ने तट पर।
मैं ऐसे बहुत से लोगों को पाता दोषी
गाल बजाने वाले, ढीठ, गहरे छिद्रान्वेषी,
ये कहीं भी और कभी भी
करें लम्बी-चौड़ी जिरह, गाल बजाते
जैसे प्रभु से केवल वाणी का सद्‌गुण पाते,
हर मामले में बोलने का खोजें अवसर
फिर खुश, जीभ से शब्दों का महल बनाकर।

ऐ दोस्त! पहले खतरों से तू मुझे बचा
फिर भाषण की फुलझड़ियों को खूब जला।

1. पेरिस के बीच से निकलने वाली नदी।

मुर्गा और मोती (नासमझ या समझदार)[1]

एक दिन एक मुर्गा
चुग रहा था चुग्गा
उसे एक मोती मिला
जौहरी की दुकान पर ले जाकर बोला—
'मैं समझता हूँ, यह कीमती
पर मेरे लिए अच्छा यदि मुझे मिले
अनाज की एक अंजुली।'

इसी तरह एक लेखक का नासमझ वंशज
जिसे मिली पांडुलिपि की विरासत
अपने पड़ोसी प्रकाशक को पांडुलिपि दिखलाकर बोला—
'मुझे पता है यह विरासत है,
पर यदि इसके बदले में मुझे मिले सिक्का
दे सकेगा मुझे ज्यादा राहत।'

---

1. यहाँ इस कविता के दो अर्थ लगाये जाते हैं। प्रथम, दोनों उन वस्तुओं के वास्तविक मूल्य से अनभिज्ञ थे। दूसरा, उनके जीवनयापन के लिए दोनों वस्तुएँ प्रासंगिक नहीं थीं। उन्हें क्रमशः अनाज और सिक्के की ही ज़रूरत थी।

दूसरी पुस्तक

ਕਲਜੁਗ ਸਿਮਰਨ

बन्दर की अदालत में लोमड़ और भेड़िये का मुकदमा

(अन्धा कानून)[1]

भेड़िये ने आरोप लगाये—
'मेरे घर हुई चोरी
पड़ोसी लोमड़ की करतूत, नीचता, कमजोरी,'
इस आरोप पर हुई फिर कोर्ट-कचहरी
बन्दर के कोर्ट में पेश, न्याय में फिर क्या देरी!

नहीं होगा कोई वकील, ये खुद करें बहस
(इन दोनों के लिए वकील, यूँ भी नाहक!)
बन्दर के सिर पर न्याय का ताज चमक रहा,
ऐसा 'अद्भुत केस' कभी सुना नहीं था
शुरू हुई जिरह, बन्दर कुर्सी पर गया सिमट।

चला पक्ष-विपक्ष का दौर, आरोपों की वर्षा
दोनों चीखें घुड़कें, बहस एक झंझावत-सा,
फिर न्यायाधीश ने दोनों को दोषी पाया
मिले दोनों को दण्ड, फैसला लिखवाया—
''भेड़िया तुम व्यर्थ ही आरोप लगाते
और लोमड़ तुम हो चोर, तुम्हें हम दोषी पाते।''

फैसला सही या गलत इसकी किसे है चिन्ता?
राजकोष में धन पहुँचता मूर्ख जनता का।

---

1. अपने-अपने दृष्टिकोण के अनुसार इस नीतिपरक कविता के अनेक अर्थ लगाये जाते रहे हैं, जैसे शासन तन्त्र के अपने निजी लाभ में दिये गये निर्णय या पूर्वाग्रह से ग्रस्त निर्णय जिनसे न्यायतन्त्र की अक्षमता जाहिर होती है।

दो बैल और एक मेंढकी (दो पाटन के बीच)

दो बैल आपस में लड़ते थे—कौन सरताज बनेगा
एक बछिया के लिए उसको फिर ताज मिलेगा
और पास में एक मेंढकी गहरी श्वास ले बोली—
'ये दोनों क्यों खेल रहे हैं, खून की होली ?'
दूसरी मेंढकी ने बताया—
इस द्वन्द्व-युद्ध की वजह और उनकी सीनाजोरी,
'जो जीतेगा बछिया का होगा प्यारा
बने चरागाह का मालिक, दूसरा बड़ा अभागा,
मैदान से भी परे उसकी फैलेगी हस्ती
इनके खुरों के नीचे हमारी बँधी है नियति,
हम जैसे न जाने कितने यूँ मरेंगे
इस बछिया के कारण चक्की में पिसेंगे।'

यह डर नहीं या जैसे कोई अजूबा
एक बैल हारा और तेजी से भागा
छिपने अपनी जान बचाने को तेजी से
घण्टे भर में बीसों उसने मेंढक कुचले।

अफसोस, यहाँ हमेशा ऐसा ही होता
दो पाटों के बीच बेचारा गेहूँ पिसता।

पंखतीर से घायल पक्षी (कुटुम्ब नाश)

पंखतीर[1] से घायल एक बेचारा पक्षी
गिरा धरा पर
बची नहीं आशा जीवन की
वह सिहरे काँपे, चक्कर खाता
इसी दर्द में उसने कुछ यूँ कहा था—
'हाँ, अपनी मौत के लिए हमने भी योगदान दिया
जिस तीर से मेरा हुआ हनन
उस पंखतीर के लिए मानव को हमने अपना पंख दिया।
हँस नहीं ओ मानव! दयाहीन है वंश तेरा
तू भी मेरी तरह खूनी चक्र से नहीं बचा
हे जाफ़ेत के पुत्र[2]! क्रूरता में रचकर
खुद अपने वंश के विरुद्ध उठा तेरा शस्त्र भयंकर।'

1. एक बाण जिसमें पीछे की तरफ पंख बाँधा जाता है, जिससे वह हवा को चीरता हुआ दूर तक सीधा जा सके।
2. ग्रीक पुराण कथा के अनुसार नूह के तीन पुत्रों में से एक, मानव का उत्पत्तिकर्ता। मानवों के मध्य एक-दूसरे के प्रति शत्रुता और रक्त-पिपासा जगजाहिर है।

स्पंज से लदा गधा और नमक से लदा गधा

(अपने-अपने रास्ते)

एक श्रीमन्त
हाथ में सोटा लिए गर्वित
जैसे रोमन सम्राट का राजदंड,
दो मालवाहक पशु-सम्पदा के स्वामी
जिनके दो बड़े कान और एक पूँछ थी।
एक गधे पर लादा स्पंज
जो डाकिए की तरह भागता था
दूसरे पर नमक का बोझ
जैसे लादा हो नाजुक काँच का सामान
वह पैर सँभालकर धीरे-धीरे चलता था।
वे तीनों आगे बढ़े
गुनगुनाकर सफर कटे,
काफी दूर चलकर आयी नदी
जैसा कि अक्सर होता था
नदी पार करनी थी,
हमेशा की तरह नमक वाला गधा अग्रदूत बना
स्पंज वाले गधे पर मालिक बैठा
जैसे ही नमक वाला गधा पानी में गया
नमक पानी में घुलने लगा
गधा प्रसन्न था, बोझ उतर गया।
भेड़ की तरह मूर्ख था दूसरा गधा
अपने नेता का भक्त बड़ा
बना पथ का अनुगामी
जब स्पंज में पानी भरा और गधा डूबने लगा,
इस तरह डूबने लगे—
गधा, स्पंज और उनका स्वामी।
जब श्रीमन्त को खतरे का यकीन हुआ
'बचाओ, बचाओ' वह चिल्लाया

कहते हैं किसी ने उसे बचाया।
पहला गधा नदी किनारे बाट जोहता
दूसरा गधा पानी में
और तीसरा गधा सिर पीटता।

इस घटना से यह तो पता चला
कि एक रास्ता सबके लिए नहीं बना।

शेर और चूहा (दया)

दया बारिश जैसा गुण, इसे बरसना चाहिए
भेदभाव से परे हमें दया करनी चाहिए,
तुच्छ जीव पर भी दया फलदायक होती
दो नम्र कथाओं का सार, हमें शिक्षा एक देती।

जंगल का राजा शेर माँद में निर्भय सोता था
फिर एक चूहा मिट्टी खोदकर प्रकट हुआ,
पंजे के नीचे उसने बिल बनाया
जब ऊपर निकला भौचक्का, पंजे से टकराया।

खुली शेर की नींद क्रोध से झल्लाकर
चूहे को लिया पकड़ उसने गुस्से में आकर,
पर शेर है शाही जीव, नहीं एक चूहाखोर
दया उसे फिर आयी, चूहे को दिया छोड़।

नहीं स्वप्न में सोचा शेर ने यह चूहा
यह तुच्छ कर सकता कोई काम बड़ा।

फिर एक दिन दुर्दिन का फेर हुआ
जंगल से निकला शेर, मौत ने घेर लिया,
फँसा जाल में आज वह चिल्लाया
झपटे, दहाड़े, चीखे, पर जाल से बच नहीं पाया।

जब सुनी चीख चूहे ने वह दौड़ा
फिर शेर को उसने जाल में फँसा देखा,
काटा शेर का जाल, उसे किया आज़ाद
उसने अहसान चुकाया, बना वह बड़ा आज।

दया–धैर्य और समय न कोई कीमत इनकी
सिर्फ़ शक्ति और क्रोध से दुनिया नहीं चलती।

फाख्ता और चींटी (एहसान चुकाना)

एक दूसरी घटना भी कुछ कह जाती
कैसे चींटी अहसान चुकाकर,
खुद को बड़ा बनाती।

एक साफ नाले में फाख्ता पानी पीती थी
उसने देखा जल में गिरी एक छोटी चींटी,
चींटी थी असहाय, यह मौत का सागर
फाख्ता दयालु थी, दया का छलका गागर,
चींटी की ओर उछाला सूखा तिनका
भवसागर हुआ पार चींटी का जीवन बचा।

पास ही तट पर फिरता एक भिखारी आवारा
फाख्ता को देख, उसने धनुष सँभाला,
सोचा बहुत दिनों के बाद घर में भोज बनेगा
टपक रही थी लार, जीभ पर स्वाद चढ़ेगा,
उसने डोरी ली खींच, वह निशाना लगाता
चींटी ने लिया देख
हाय! प्रेम का पंछी[1] प्राण गँवाता,
झट से काटा तेज भिखारी की एड़ी पर
गया निशाना चूक वह देखे पीछे मुड़कर,
फाख्ता हुई फुर्र, नजर न आती
चींटी बनी महान, अहसान चुकाती।

भिखारी हुआ उदास, सिद्ध नहीं प्रयोजन
और धूल में मिला भोज का आयोजन,
फिर भिखारी बोला—
'उफ! फाख्ता का भोजन आसान नहीं
उठाकर टाट-कमंडल, दूर अब चलूँ कहीं।'

---

1. फाख्ता को प्रेम की देवी वीनस का प्रिय पक्षी समझा जाता है।

तीसरी पुस्तक

चक्कीवाला, उसका पुत्र और गधा[1]
(लोगों का काम है कहना)

कलाओं की उत्पत्ति देश काल से जुड़ी है
नीतिकथाओं के लिए हम प्राचीन यूनान के ऋणी हैं।
लेकिन यह क्षेत्र सही से अभी नहीं दुहोया
बाद वाले भी बटोरते पूछन नीति का,
गल्प-कथा के क्षेत्र में मची मारामारी
अब भी साहसी खोज करते हैं भारी,
मैं दोहराना चाहता एक बात याद मुझे आती
सयाने मालेर्ब[2] ने युवा रासाँ[3] से कही थी।

ये दोनों महानुभाव, इतालवी महाकवि के प्रतिद्वन्द्वी
होरेस[4] के उत्तराधिकारी, कला की ऊँची बिन्दी,
अपोलो[5] के शिष्य, 'मेरे स्वामी' मैं कहता
एक दिन दोनों मिले जहाँ कोई नहीं था,
दोनों को विश्वास कि वे परमज्ञानी कहें 'सही'
इस तरह से एक-दूसरे का मशविरा—
मित्रवत्-चिन्ता, सलाह भली।

रासाँ बोला—
'मेरे मित्र तुम तो जानते
यह जीवन एक प्याला समेटे कण अनुभव के,

---

1. फॉन्तैन ने यह कविता अपने मित्र फ्रांस्वा द मॉक्रवॉ (1619-1708) को समर्पित की थी। वह कवि, कानूनविद और अनुवादक था। इसके अतिरिक्त वह चर्च से भी जुड़ा रहा। विभिन्न पेशों और कलाओं में हाथ आजमाने के कारण, फॉन्तैन ने मॉक्रवॉ पर यह कविता लिखी थी।
2. फ्रांस्वा द मालेर्ब (1555-1628) कवि, आलोचक और अनुवादक।
3. रासाँ (1589-1670) फ्रेंच अकादमी का सदस्य, कवि और सैनिक। फ्रांस्वा द मालेर्ब का शिष्य।
4. रोमन सम्राट अगस्तस के शासनकाल का एक महान कवि।
5. एक प्राचीन ग्रीक देवता, जिसे प्रकाश, कविता और संगीत का अधिपति माना जाता है।

विचार समय के साथ दिखाते परिवर्तन
विरोधाभासों का महल विचारों का क्षण,

समय गुजरता जाये और मैं सोचता
मुझे क्या करना चाहिए जो मुझ पर जँचता,
तुम्हें अच्छी तरह पता मेरा कुल, क्षमता, ज्ञान
बहुत दूर की सोचूँ पर बनता अज्ञान।'

कभी सोचता हूँ कि,
सेना में शामिल होकर यश चुन सकता
या न्यायालय का मैं बनूँ नुमाइन्दा,
दुनिया विरोधाभास, कटुता साथ मधुरता
युद्ध दे मर्दानी शान, कविता चेतना की सत्ता,
भ्रम भारी हुआ, चयन बना अभिशाप
किस मत का चुनाव करूँ? व्यर्थ भटके दिमाग़!

तभी मालेर्ब को अचानक याद कुछ आया
'लोगों की सन्तुष्टि और खुद का चयन'
—वह चिल्लाया,
रासॉ, अब मैं तुम्हें एक कहानी दूँ सुना
पहले कहानी सुनो,
बाद में तुम्हारे प्रश्न का उत्तर दूँगा।

मैंने कहीं पढ़ा था
एक बूढ़ा चक्कीवाला और उसका बेटा
लड़के की उम्र पन्द्रह साल
यदि मैं धोखा नहीं खाता,
बूढ़ा सोचे, मेले में बेचूँ अपना गधा
दाम ज्यादा मिलें यदि माल हो अच्छा,
फिर गधे को अच्छी तरह सजाया
पैर से सिर और पूँछ तक खूब तेल लगाया,
झाड़फानूस की तरह गधे को कन्धे से लटकाकर
धूल इसे न लगे, वे बेचने गये निकल।

जब उधर से गुजरे कुछ देहाती
इनको देखा, पेट पकड़कर हँसे सभी,
फिर एक देहाती बोला—
'क्या नाटक है! मसखरे कहाँ चले सजकर!
तीन गधे यहाँ, अक्ल पर पड़े पत्थर।'
बूढ़ा समझ गया, गधे को धरा पर रखा
गधे को बुरा लगा, शिकायत की हैचुक कर—
'क्यों बेवकूफ मुझे कष्ट यह देता
पहले कन्धे पर था, अब छीनता सत्ता।'

वृद्ध ने शिकायत पर ध्यान नहीं लगाया
नया मजमा खड़ा किया, आगे कदम बढ़ाया,
अब, पुत्र गधे पर था आसीन
वृद्ध रस्सा पकड़कर चले,
युक्ति प्रवीण!

तीन बड़े व्यापारी वहाँ से रहे गुजर
जब देखा अजब काफिला
वृद्ध व्यापारी क्रोध में गया बिखर—
'उफ! मैं देखूँ क्या! उल्टी बहे हवा
जवान गधे पर सवार, बूढ़ा पैदल चलता,
उतर नीचे मूर्ख, बाप को तू सता रहा है
तेरा पिता सवारी करे, जवान पैदल चल सकता।'

अब वृद्ध गधे पर सवार, समझ गया तर्क
व्यापारियों की मानी बात
लड़का पैदल चला, ली लगाम पकड़।
जब कुछ आगे बढ़े, तीन लड़कियाँ आयीं
जब देखा काफिला, वे हँसकर चिल्लायीं—
'देखो समय का फेर ...
पुत्र बछड़े की तरह ज़मीन पर चलता
और बूढ़ा पादरी की तरह गधे पर आसन लेता,

समझे अपने को बहुत बड़ा यह ज्ञानी
अपनी-अपनी नियति, झूठी ताकत रूहानी।'
वृद्ध समझ गया, ठिठक कर खड़ा रहा
'जाओ अपना रास्ता नापो' खीजकर कहा,
बुद्धि पर दिया जोर, सही लगा विचार
अब पिता पुत्र दोनों गर्दभ पर हुए सवार।

कुछ आगे चले, यात्रियों का दल गुजरा
सब इन पर हँसे, खीजकर एक बोला—
'ऐसे बुद्धिहीन आज तक नहीं दिखे
जो गर्दभ को दें मार, भार से दबा रहे,
तुम दयाहीन और दुष्ट, बनी कैसी लाचारी!
तेरा यह पालतू जीव कष्ट सहता है भारी,
हमेशा तुम्हारी सेवा में रहता यह तत्पर
बस चले तुम्हारा, चमड़ी तुम इसकी रखो खींचकर।'

उफ क्या अजूबा! वृद्ध की बुद्धि चक्कर खाती
सिर पकड़कर बोला—
'मैं अपने कन्धों पर ढोता सबकी सन्तुष्टि,
फिर भी देखता हूँ मैं क्या कर सकता'
दोनों गये गधे से उतर पैदल नापते रास्ता,
गधा आराम से चला जैसे कोई धर्माधिकारी
शान्त, सौम्य, विचारवान, ढोता नहीं सवारी।
तभी आगे किसी ने व्यंग्य का बाण कसा
'तुम दोनों को धिक्कार अक्ल का नहीं पता,
गधा तुम्हारा स्वामी, खुश तुम पैदल चलकर
गर्दभ की बना समाधि, करो वन्दना
धूप, दीप, फल, पुष्प, नेवैद्य चढ़ाकर।'
'उफ! मैं पागल हुआ' वृद्ध बोला झल्लाकर[1]
'लोगों के सुन सुझाव निकल गया कचूमर,

---

1. यहाँ कविता के उत्तरार्ध में एक अंश सम्पादित किया गया है। एक छोटी लोक कथा 'निकोला और जॉन' को निकाल दिया गया है। ऐसा कविता में सरलता रखने के लिए किया गया है।

लगता एक नहीं, हम हैं तीन गधे
अत्यधिक सुझाव के तिनके
बुद्धि पर बिखरे,
मैं खुद अपनी बुद्धि तर्क से काम करूँगा
जो रास्ता बेहतर लगे वही चुनूँगा।'

इस तरह इस यात्रा का अन्त हुआ
स्वयं का निर्णय श्रेष्ठ, वृद्ध समझ गया।

'इसी तरह प्रिय रासॉ, तुम चुनो जो भी
सेना, प्रेम, शासन या कचहरी,
इधर–उधर भागो, शहर या देहात
सरकारी नौकरी, मठ या स्त्री का चुनो हाथ,
जनता बोलेगी, वाणी का चलता बाण
वही करना जो उचित लगे
व्यर्थ ना देना ध्यान।'

जब भेड़िया चरवाहा बना (धूर्तता का प्रबन्धन)

एक भेड़िया थका और झुँझलाया
पूरा भोजन मिले नहीं, सिर खुजलाया—
'क्यों न लोमड़ जैसा मैं होशियार बनूँ
पहनूँ नया चोला सज्जनता का, फिर मैं शिकार करूँ।'

वह बन बैठा चरवाहा, पहन भारी लबादा
ली हाथ में बेंत, नमूना बना छड़ी का,
नहीं भूला, बगल में रखा एक मशकबाजा
सबको मूर्ख बनाने का मजबूत इरादा।

खुद लिखा परिचय टोपी पर, ना शर्माया
'मैं ही मिस्टर गियो, इस रेवड़ का चरवाहा।'
एक सिद्ध गड़रिये जैसा वह स्वाँग रचाये
आगे के दो पैर छड़ी पर रहा टिकाये।

उतरी रात, गड़रिया घास पर चैन से सोता
पर पाखण्डी गियो नींद से कोसों दूर था,
चरवाहे का कुत्ता भी अब लेता झपकी
चरवाहे का बाजा घास पर शान्त पड़ा था।

फिर भेड़ों का झुंड भी देखो सो जाता
पाखंडी के हाथ अच्छा अवसर आया,
सोचा—चरवाहे की आवाज श्रीमुख से निकालूँ
और भेड़ों को अपनी माँद की ओर बुला लूँ।

बड़ी गजब है चाल, मन में सोच लिया
पर इसी चाल ने उसका बेड़ा गर्क किया,
मुँह से चरवाहे की ''तिक-तिक हुर्र'' नहीं निकली
स्वर भेड़िये का गूँजे जंगल और धरती।

सबने सुनी आवाज, हकीकत गयी बिखर
भेड़, कुत्ता, रखवाला सब उठे भौचक्के होकर,
गियो ना भाग सका, ना रक्षा कर पाया
उलझा लबादे में, कैसा दुर्दिन आया था!

मक्कारी है गलत, भले कोई चतुर करे
भेड़िया ना भूले जात, कितने भेष भरे,
हमेशा घातक है धूर्तता का प्रबन्धन
पकड़े जाने पर मचाता धूर्त फिर क्रन्दन।

लोमड़ और बकरी (लोमड़ की दूरदृष्टि)

कप्तान लोमड़ को बाहर जाना था
बड़े सींग वाली बकरी का साथ चुना,
बकरी थी सीधी पता नहीं धूर्तता का
लोमड़ था मक्कार, सोचता बहुत आगे का।

निकले काफी दूर प्यास से गला सूखा
पाया एक कुआँ, उतरे, ली प्यास बुझा,
अब कैसे कूप से निकलें ? आयी आफत
पानी तो पी लिया अब कुछ करें जुगत।

लोमड़ बोला—
'पहले मैं निकलूँगा, फिर तुम्हें बाहर खींच लूँगा
दीवार से सटकर खड़ी हो जाओ प्यारी बकरी
मैं तुम्हारा सहारा ले चढ़ूँ,
इस तरह तुम बन जाओ सीढ़ी
फिर मुझे सींगों से धकेलो ऊपर
बस मैं यूँ निकला अभी।'

बकरी हर्ष विभोर, कहा आनन्दित होकर—
'फिर मुझे बाहर निकालोगे मेरी दाढ़ी खींचकर,
एक ज्ञानी के साथ यात्रा बहुत महान
तुम चेतना के दूत, करो मेरा उत्थान।'

लोमड़ आया बाहर बड़ा था प्रमुदित
बकरी कुएँ में, उपदेश वह देता फिर—
'लम्बी दाढ़ी पर अक्ल रही थी चर
अन्त सोचा नहीं, कुएँ में गयी उतर।
तुम खुद बाहर आओ, ऐ दोस्त विदा
मुझे करने काफी काम, मैं तो चला।'

शराबी और उसकी पत्नी (मदिरा का चमत्कार)[1]

यहाँ हर कोई रखता दोष, उससे नहीं उबरता
डर, हया से दूर दोष की नहीं दवा।

इस बात से याद मुझे एक घटना आती
मेरी उपज नहीं, पर पुष्टि कर जाती,
देता तुम्हें उदाहरण—
एक था बचूस[2] का बेटा
तन-मन-धन से हीन दीवाना मदिरा बूँद का,
ऐसे लोगों का जीवन जब आधे में होता
लज्जा, संपदाहीन, बर्तन में खाते गोता।
इसी तरह एक शराबी ने खाली की पूरी बोतल
अब मदिरा मानव में, मानव बोतल के अन्दर।
पत्नी बहुत दुखी थी
उसे पुरानी कोठरी में बन्द किया
वहाँ पड़ा था खाली ताबूत
शराबी ने बिस्तर ताबूत चुना,
फिर देखो ताजी मदिरा का चमत्कार
मस्ती में पड़ा रहा नहीं था कुछ आगाज़
धीरे-धीरे जगा, देखा वहाँ उजाला
सन्नाटा था वहाँ नहीं थी कोई आवाज़।
उसे लगा कि कफ़न चारों ओर है लिपटा

1. यहाँ मूल कविता को आंशिक सम्पादित कर उसका भावानुवाद किया गया है।
2. मदिरा का रोमन देवता।

बोला—
'हाय, मेरी पत्नी विधवा हुई मैं अब नहीं बचा।'
फिर उसने देखा कोई कपड़े पहने मायावी
चेहरा उसका ढका स्वर कुछ रूहानी,
छाया पंजा ताने शराबी के पास फिर आयी
'गर्म सूप है, पी लो।'—उसे दिया सुनाई,
वह उसकी पत्नी थी शराबी समझ न पाया
कि उसकी पत्नी ने भेष भरा था
हुई चेतना लुप्त दिमागी पुलाव पकाया,
शराबी बोला—
'बता कौन है? लिए हाथ में बर्तन भारी,
अच्छा तो तू है नरक का भोजन अधिकारी!'
वह बाहर भागा क्रुद्ध, बिना कुछ सोचे-समझे
और झिड़की देकर बोला—
'बिना मदिरा के मूर्ख मुझे तू भोजन परोसे।'

भेड़िया और सारस (दुष्ट की कृतघ्नता)

भेड़िये खाने के शौकीन दावत खूब उड़ाते
यदि मांस हो जायकेदार गटकना जल्दी चाहते,
एक दिन, एक भेड़िया उड़ा रहा था दावत जल्दी-जल्दी
आँखें आयीं बाहर गले में अटकी हड्डी।

पर भाग्य का तेज, वहाँ से सारस गुजरी
मुँह से न निकले शब्द, इशारा उसका समझी,
और विपदा देख तुरन्त दौड़ी आयी
गला किया साफ उसकी जान बचाई।

सारस ने शल्य-कर्म की फीस जब माँगी
भेड़िया उस पर हँसा—'मजाक यह खूब रही।'
फिर भेड़िया आँख तरेरकर बोला—
'क्या खुश नहीं तुम जिन्दा रहकर
क्या गर्दन नहीं थी तुम्हारी मेरे मुख के अन्दर?'

'अपना रास्ता नापो तुम कृतघ्न घनी
कभी करना नहीं मजाक वर्ना खैर नहीं।'

मानव और पराजित शेर (कल्पना के काग़ज़ी घोड़े)

एक कला प्रदर्शनी में चित्र लगा था
और चित्रकार ने बड़ा यश लूटा,
चित्र में शेर भयंकर बलशाली
पर एक आदमी उसपर पड़ता भारी।

एक आदमी शेर को हाथों से दबाये
सारे दर्शक गर्वित, चित्र को महान बतायें,
एक शेर वहाँ से गुजरा और खिसियाया
जब उसने देखा चित्र,
तर्क से समझाया—
'सही कहता हूँ, चित्र के कारण मानव गर्वित
पर यह मिथ्या, चित्रकार ने किया है भ्रमित,
यदि मेरे संगी-साथी होते चित्रकार
और कल्पना के वे भी घोड़े दौड़ाते
निश्चित, हमें मानव से फिर सब ऊपर ही पाते।'

लोमड़ी और अंगूर (अंगूर खट्टे हैं!)

एक लोमड़ी गास्कॉ, कुछ लोग कहते नारमंद लगती[1]
भूख से बेहाल
अंगूर से लदे जाल को तकती,
अंगूर पके थे
गुलाबी रस से सने थे।

उसने सोचा, आज मौज मनायें
खूब मधुर अंगूर पेट भरकर फिर खायें,
अंगूर हाथ न आये, जाल ऊँचा था
अब
'अंगूर कच्चे बेस्वाद, इन्हें तुच्छ नौकर ही खायें।'
यदि उपलब्धि नहीं,
तो कुछ बेहतर करें या फिर शिकायत सुनायें?

---

1. फॉन्तैन ने इस कविता में अप्रत्यक्ष रूप से गास्कॉन और नारमंदी क्षेत्र के बुर्जुआ लोगों पर कटाक्ष किया था। समझा जाता है कि गास्कॉन के लोग घमंडी और बड़बोले होते हैं और नारमन्द अपनी बात के कच्चे।

हंस और रसोइया (मधुर वचन)

एक बाड़े में हंस और बत्तख पलते थे
दोनों पक्षी थे पर उनके उपयोग अलग थे,
बत्तख मालिक के भोजन का ग्रास बनेगी
और हंस की धवल छवि घर में चमकेगी।
बत्तख बगीचे में चुगती थी और हंस घर के अन्दर
दोनों साथ-साथ खेलें, किलोल करते थे दिनभर।

फिर एक दिन मालिक पर मदिरा हुई सवार
कुछ ज्यादा पी ली, प्याले का नहीं हिसाब,
फिर उसने पकड़ा हंस, स्वाद मिले भोजन का
सूप इसका बने, गला रेतना चाहा
बत्तख चीखती थी पर हंस का स्वर मधुर था
जब सुने हंस के बोल, मालिक का नशा हिरन था—
'उफ ऐसा गायक नहीं बन सकता भोजन
ईश्वर क्षमा करे मूर्खता का आयोजन।'

मधुर वचन एक वरदान, कभी कष्ट नहीं देता
बुरे वक्त में भी सबको खुश कर देता।

भेड़िये और भेड़ (घातक समझौता)

सदियों से
भेड़ियों और भेड़ों की नहीं बनी
फिर शान्ति समझौते की हवा बही,
दोनों के लिए ज़रूरी कि वे रखें शान्ति
चरवाहों के बनते वस्त्र, वे भेड़ियों की खालें थीं,
और भेड़ भी रहीं भेड़ियों का भोजन
घास-मांस के बीच आजादी निष्प्रयोजन।
अब दोनों पक्ष बन्धित थे, शान्त था द्वन्द्व
भेड़ों की रेवड़, भेड़ियों का झुंड
तय हुआ कि
भेड़ों के रखवाले कुत्ते रहें भेड़ियों के बन्धक
और भेड़ों के पास रहेंगे भेड़ियों के शावक,
दोनों पक्षों के बीच अजीब समझौता
कमिश्नर की लगी मोहर, फैसला लिपिबद्ध हुआ।
धीरे-धीरे समय गुजरा, शावक बढ़ते जाते
दाँत उनके दर्द करें, अन्दर खालीपन पाते,
जब पुट्ठे हुए सख्त, बढ़ी हवस मांस की
चरवाहे गये दूर, बहाई नदी खून की,
भेड़ों को जंगल में फुर्ती से खींचा
जहाँ पहले से ही भेड़ियों का दल छिपा था।
कुत्ते सोते थे, सन्धि पर उन्हें था नाज
उनका भी सूपड़ा साफ, नहीं कोई आगाज़,
कोई भी नहीं बचा, गवाही दे सकता
चुन-चुन कर सब कत्ल
आलसी कुत्ते, मूर्ख भेड़ों का दल था।

हालाँकि मैं युद्ध का कायल नहीं, समझौता शस्त्र महान
पर समझौता घाती दुश्मन के साथ!
क्या नहीं दुखद घातक अपमान ?

जब शेर बूढ़ा हुआ (दो बार मौत)

जंगल का राजा शेर आतंक का पर्यायवाची
उम्र का आखिरी पड़ाव, शक्ति नहीं बची,
गुमसुम बैठा रहता पुरानी यादों में खोकर
जब उसका शासन था, दहाड़ से काँपता जंगल।

पर अब घोड़ा हिनहिनाकर उसमें जड़े दुलत्ती
भेड़िया उस पर हँसे, काटे, डरे नहीं,
बैल भी बैठा पास, अक्सर करे जुगाली
जब मन करे सींग से शेर की कमर खुजा ली।

गम में डूबा दुखी शेर था बड़ा उदास
उम्र का यह पड़ाव, थका, शक्ति का ह्रास।

इन्तज़ार मौत का करे दहाड़ने से लाचार
श्रीहीन गधा भी चाहता करना उस पर वार,
गधे की देख दुलत्ती शेर को गश आया
जैसे अन्तिम लेता श्वास और वह कराहा—
'बहुत हुआ लाचार मैं अब मरना चाहता
दो बार आती मौत, गधे की दुलत्ती खाता।'

फिलॉमेल और प्रॉनिये (अतीत का दुख)

एक बार, प्रॉनिये[1] जो अबाबील बनी
अपने शहर से बहुत दूर उड़ती थी
जंगल में पहुँची और भटकती रही।

जब उसने सुनी बुलबुल की आवाज़
दोनों बहनें मिलीं, आँसू बहते थे
पुरानी यादें, दर्द, जीवन के कटु सन्ताप वहाँ थे।

प्रॉनिये बोली—'कैसी हो मेरी बहन, सदियों से नहीं देखा
हाँ, याद आता है तुम्हें देखा था
जब कपटी तैरे[2] का शासन था।
तुम क्या सोचती हो मुझे बता सकोगी ?
क्या इस जंगल को अलविदा नहीं कहोगी ?'

फिलॉमेल[3] ने जवाब दिया, प्रॉनिये खुश थी
बहन की मधुर आवाज़
उसके रस में भीगी।

प्रॉनिये चहककर बोली—
'इतना मधुर गान यहाँ जंगल में गाती
जानवरों और जंगल को सुनाती !
क्या मरु के लिए तुम्हारा स्वर बुना
चलो शहर में
वहाँ अपना गीत दो सुना।
यहाँ जंगल में वही बात पुरानी[4]
तैरे की कटु याद, घात और शैतानी।'

फिलॉमेल की आँखों से आँसू बहते थे
फिर अपना दर्द कहा कुछ ऐसे—
'शहर में लौटने की ऋतु रही नहीं
और अतीत का दुख भी साथ नहीं छोड़ेगा

यदि शहर में रहूँ
घाव और गहरा होगा।
हर आदमी में तैरे की छाया पाती
फिर रिसेंगे मेरे घाव, घिरेगी दुख की बदली।'

1, 2, 3, 4. ग्रीक मिथक के अनुसार तैरे, थैरेस साम्राज्य का राजा और प्रॉनिये का पति था। वह अपनी पत्नी की छोटी बहन फिलॉमेल पर मोहित था। फिलॉमेल का बलात्कार करने के बाद तैरे ने उसे जंगल में एक गुप्त स्थान पर कैद कर लिया था तथा उसकी जिह्वा काट दी थी। जिससे वह तैरे की पाप-कथा किसी पर जाहिर ना कर सके। लेकिन फिलॉमेल ने किसी तरह अपनी दुखद गाथा प्रतीकों के माध्यम से अपनी बड़ी बहन तक पहुँचा दी। क्षोभ और नफरत से भरी प्रॉनिये ने अपने पुत्र का वध करके, उसका मांस अपने पति को परोस दिया। तैरे ने इस घटना का पता चलते ही दोनों बहनों का वध करने की कोशिश की। लेकिन ग्रीक देवताओं ने इन दोनों धृष्ट कृत्यों के लिए तीनों को पक्षियों में बदल दिया।
इस तरह राजा को कठफोड़वा का स्वर मिला। फिलॉमेल ने बुलबुल के रूप में अपने आप को पाकर अपने दुखद अतीत को आवाज दी और प्रॉनिये अबाबील बनी।

नेवली भंडार गृह में[1] (वित्त मंत्रालय का सच)

एक शाही नेवली, नाजुक सुकुमार काया
भंडार में घुसी जब छोटा बिल पाया,
जब पहुँची अन्दर दुर्बल, गाल पिचके थे
फिर दूसरों का खाया माल, शरीर कंचन-सा दमके।

खूब उड़ाया माल पनीर की दावत
उसने त्योहार मनाया वहाँ हफ्तों तक,
जब सुनी कोई आवाज, वह सरपट भागी
फूल गयी थी अतः बिल में घुस नहीं सकी।

वह अचरज में पड़ी—
'उफ! हफ्ते पहले तो यही छेद था।'
चूहे ने देखा, समझाया और कहा—
'पहले पतली काया थी, फिर जनता को चूना लगाया
हफ्ते भर, खाकर फूल गयीं
नहीं होगी आजाद, वजन यदि नहीं घटाया।'

अब आगे क्या कहूँ, छोड़ता पाठक पर
क्या विस्तार करूँ, आप सब गये समझ!

---

1. यहाँ फॉन्तैन का संकेत फ्रांस के एक प्रभावशाली वित्त अधिकारी निकोला फूके (1615-1680) की ओर था। निकोला ने अपने शाही सम्बन्धों और तिकड़मों के बल पर अनेक उच्च पदों पर कार्य किया था। उसे अपनी शक्ति का दुरुपयोग और जनता के धन का गलत इस्तेमाल करने का दोषी पाये जाने पर आजीवन कारावास की सजा मिली।

चौथी पुस्तक

जब शेर को प्रेम हुआ (प्रेम का बरसा सावन)
(सेविनिए की सुन्दरी के नाम)[1]

सेविनिए में जैसे बहार खिले
यौवन और तेज से वह महके,
हर मौसम में उसकी सुन्दरता निखरी
पर दिव्य यौवन की वह देवी[2] अपने में खोई।
पाठकों को सुनाता हूँ एक छोटी कथा
जिसमें प्रेम का मर्म छिपा,
क्या सिंह भी प्रेम का है अधिकारी
क्यों नहीं, जब प्रेम हृदय का स्वामी होता
और बनता लाचारी।
फिर होता है भारी परिवर्तन
मिले खुशी या हो सकता क्रन्दन,
इस छोटी कथा में यही विषय समाया
कब प्रेम प्रकट हुआ और किसे सताया!

पुराने दिनों की बात समाज विकसित था
जानवर भी मानव की भाषा बोलते थे,
शेर ने भी जोड़ना चाहा रिश्ता
उन लोगों के जैसा
जो अपने लिए दुल्हन खोजते थे,
और क्यों नहीं—
जब साहस, शक्ति, विवेक में हो बड़ी समानता।

---

1. मार्किज द सेविनिए की अतिसुन्दरी पुत्री फ्रॉस्वाज द सेविनिए (1646-1705) को सम्बोधित। कहा जाता है कि उसका सौन्दर्य अनुपम था और शाही परिवार से ताल्लुक रखने वाले अनेक व्यक्ति उसके सौन्दर्य से अभिभूत थे। वह अपने चाहने वालों पर खास ध्यान नहीं देती थी। 1668 में उसका विवाह काउण्ट फ्रॉस्वा द गिग्रनॉ से हुआ।
2. ग्रीक कथाओं के अनुसार सुन्दरता, प्रेम और आनन्द की देवी अफ्रोदित की तीन पुत्रियाँ या सेविकाएँ —आग्लाएँ, इफ्रोजीन, ताली थीं। यहाँ इस सुन्दरी की तुलना इन देवियों से की गयी है।

यह सब कैसे हुआ मैं कहता आगे
कैसे शेर प्रेम में पगा
दिये उदाहरण परिवर्तन के।
एक रुतबेदार शेर, नाजों से पला
शाही खानदान का वंशज
सुबह-सुबह चरागाह से गुजरा,
उसने देखा—एक चरवाहे की कन्या थी अतिसुन्दर
कुदरत का अनुराग उस पर गया बिखर,
तुरन्त सिंह ने विवाह का प्रस्ताव रखा
'हो जीवन मेरा सफल' विनम्रता से कहा।
पुत्री के लिए, चरवाहा खोजता था जीवन-साथी
पर सोच में मानव था, कल्पना नहीं सिंह की,
सिंह का सुन प्रस्ताव, उफ! वह फँसा
बना गले का ढोल
न बजा सके, न उतार सका।

फिर चरवाहे को आया एक विचार
लाठी टूटे नहीं, सर्प के कर दूँ चार,
उसने सिंह को बुलवाया
दिया आसन और प्रेम से समझाया—
'मेरी बेटी सुकुमार कोमल फूलों की चादर
आप 'शक्ति के अवतार' वह नाखून से जाए बिखर,
और आपके दन्त कठोर शक्तिशाली
क्यों नहीं सोचते चुम्बनों से वह काँपेगी,
दाम्पत्य का संसार बहुत होता है कोमल
त्यागो कठोर चिह्न, बनो हे राजा प्रेमल।'

शेर ने चरवाहे को ध्यान से सुना
देखो प्रेम का कैदी!
मस्तक नीचा किया, घुटने दिये झुका,
नहीं रहे फिर दन्त जो भय करते भारी
उखड़वा दिये नाखून जो थे तेज दुधारी,

ली माथे पर धूल प्रेम की उसने पावन
शेर हुआ शक्तिहीन, प्रेम का बरसा सावन,
फिर छोटे कुकुर भी उस पर गुर्राते
वे नख-दन्त से हीन शेर पर चिल्लाते।

ओ प्रेम तेरी शक्ति की नहीं कोई तुलना
सिंह के घुटने झुके, हिंसा को अलविदा,
क्या कहें? जब प्रेम में पग जाते
सावधानी हटी दूर, पास दुर्घटना पाते।

चरवाहा और समुद्र (निवेश)

सागर के पास एक चरवाहा रहता था
भेड़ों के रेवड़ रखे, चैन की साँस वह लेता,
नहीं ज्यादा माल असबाब ना रेवड़ भारी
'मेरा धन मेरे पास, ना जोखिम की लाचारी।'

फिर एक दिन, व्यापार की झलक मिली
रेवड़ दी बेच, पायी मुद्रा की थैली,
एक नौका में धन लगा दिया
यदि चले व्यापार, धन मैं लूँ कमा।

देखो भाग्य का फेर डूबी नौका
मुद्रा गयी डूब, स्वप्न भी नहीं बचा,
वह पहले रेवड़ का स्वामी होता था
आज दोनों खाली हाथ, तट पर रोता था।

धीरे-धीरे उसने धन कुछ जमा किया
कुछ भेड़ों का झुंड लिया बना,
एक दिन हवा अनुकूल, जहाज तट पर आए
यह दृश्य देख चरवाहा चिल्लाये—
'हुआ मैं बरबाद व्यर्थ की आशा पाकर
खोजो नया मूर्ख दूर तुम अब जाकर
पहले भुगत चुका, किया मेरा बर्तन रीता
अब मट्ठा भी फूँक मारकर मैं पीता।'

जीवन बड़ा अस्थिर, हमें सिखा गया
कुबेर बनने के स्वप्न से अच्छा, यदि हाथ में एक सिक्का
सारी इच्छाएँ और सलाह नहीं हो सकतीं हितकर
आशा में निवेश जैसे चंचल लहर
जो खरी ना रहीं उतर।

इस तरह धनी बनने की सुन्दर आशा
लहर-सी दस्तक देती
पर भाग्य का तूफान, साथ लुटेरे आते
एक धनवान बना, हज़ारों धन गँवाते।

आदमी और बुत (नपुंसक प्रार्थना)

कुछ सज्जन बुत के बन बैठे हैं अन्ध उपासक
ये सज्जन हुए तुच्छ, बुत बन बैठा शासक।

एक मूर्तिपूजक को विरासत में बुत मिला
बुत के दो थे कान पर वह था बहरा,
आदमी रोज प्रार्थना करे और पुष्प चढ़ाता
पर मिला नहीं कुछ व्यर्थ का यह यत्न था।

भेड़, साँड़ की बली, भोज के प्रायोजन
धूप-दीप, मधु, दान अनेकों आयोजन,
आदमी रहा हमेशा दीन, गरीब और बेचारा
बुत की कृपा हुई नहीं, मन उसका हारा।

आँधी-तूफान, रात, सूर्य सकल सकारे
मुद्रा गिरती नहीं, काम न आये हमारे,
हुआ बहुत ही क्रुद्ध उठा ली गदा
मारी बुत पर तेज, बुत भग्न किया।

बुत चकनाचूर गिरते सिक्के और गहने
मानव चकरा गया, धन ना गया सँभाले,
इतना धन छिपा था बुत के अन्दर!!!
प्रार्थना से नहीं पिघला, अकड़ अब गयी निकल।

आदमी बोला—
'बुत तू अपना रस्ता नाप, खोज कोई और ठिकाना
तू आदम जैसा मूर्ख, पतित और बेगाना,
मैंने जोड़े हाथ पर मुट्ठी रही खाली
जब बदले अपने तेवर, खत्म हुई कंगाली।'

जब हम होते विनम्र, तुच्छ समझे जाते
देते भाव बहुत, बदले में कुछ नहीं पाते,
कभी क्रोध दिखाते भाव और ताव दिखाकर
बहरे के खुलें कान, फिर देता सिर झुकाकर।

मोरपंख से सजा नीलकंठ (नकलची)

मोर के गिरे पंख नीलकंठ ने लिए उठा
शरीर पर चिपका लिए ओ सुन्दर भेष बना,
पहुँचा मोरों के बीच शान से रहा इतरा—
'मैं रंगों का सरताज, ताज मुझे दो पहना।'

पर जब मोरों की उस पर नजर पड़ी
गये तुरन्त पहचान यह एक पाखण्डी,
पाजी, नुत्फ, हराम, धूर्त तू बड़ा नकलची
उसको नंगा किया, भगाया, हँसे सभी।

मोरों में हुआ जलील, खत्म नहीं हुई कहानी
बिरादरी ने त्यागा, बन्द सब हुक्का-पानी।

दो पैरों के यहाँ बहुत से नकलची पक्षी
कला साहित्य में नकल उनकी चलती,
मैं रहता ख़ामोश, कष्ट न उनको देता
क्योंकि यह मेरा विषय ही नहीं रहा।

ऊँट और पानी में बहती लकड़ी (देखने का अन्दाज़)

जब पहली बार, आदमी को ऊँट की झलक दिखी
भागा पत्ता तोड़, उफ! भयानक आकृति!
लेकिन दूसरा आदमी ऊँट के पास आया
और तीसरा नकेल डालने का साहस कर पाया।

मानव का समाज, रीति और अभ्यास
हमें देते दृष्टिकोण देखने का अन्दाज़
हमें लगे दूर से चीज अनोखी और ज़हरीली
जब पास से देखें लगती वह तुच्छ-मामूली।

इसी घटना का ही करते विस्तार
कुछ आदमी दरिया पर मस्ती करते थे
दूर लहर पर हिलती एक चीज़ दिखी
इसी चीज ने उनको दिया अजब विचार,
नहीं सोच पर पहरा, वे बोले चिल्लाकर—
'कोई ताकत का पुतला नाविक बड़ा भयंकर।'
फिर कुछ समय के बाद वस्तु पास जब आती
खौफ से बोले—
'यह जंगी जहाज़ जलाने आया हस्ती।'[1]
कुछ देर के बाद नजारा अलग दिखा—
'यह तो छोटी नाव तमाशा खूब बना।'
उसके बाद मत बदला, कहा उँगली उठाकर—
'अरे लगता यह डिब्बा या टूटा एक कनस्तर।'
और अन्त में, लहरों ने अजूबा तट पर पटका
सब थे हैरान!!! 'यह तुच्छ लकड़ी का टुकड़ा।'

सही कहा है, सब कुछ हमारी दृष्टि पर निर्भर
दूर से चूहा भी लग सकता प्रेत भयंकर।

---

1. पुराने जंगी जहाज़ जिनसे ज्वलनशील पदार्थ फेंककर शत्रु को तहस-नहस किया जाता था।

हिरण से बदला लेने वाला घोड़ा (बदले की आग)

यह उस समय की बात जब घोड़े नहीं थे आज्ञाकारी
मानव भी बलूत फल पर पलता था, ना रुतबा भारी,
गधा, घोड़े, खच्चर आज़ाद, सब वनवासी
मानव की लगाम उन पर नहीं कसी थी।

हमने नहीं देखा पहले जो अब मिलता
काठी और लगाम, बोझा ढोने का हत्था,
लड़ने के हथियार, ढाल और बरछी
शादी का उत्सव भोज और मदहोशी।

एक दिन हुआ गजब, नयी रीति का सृजन
घोड़ा हुआ कुपित हिरण पकड़ने का यत्न,
पर हिरण भागा तेज, घोड़ा पकड़ न पाया
घोड़ा गया मानव के पास अपना दुख बतलाया।

मानव ने कसी लगाम और डाली काठी
हिरण को पकड़ लिया, चिंता नहीं आराम की,
घोड़ा नतमस्तक हुआ, मानव को महान बताता
बोला—'विदा मेरे दोस्त, मैं जंगल वापस जाता।'

अब मानव ने पत्ते खोले, अपने रंग दिखलाये—
'जंगल में करता खाक, यहाँ यश तू पाये
इज्जत मिलती उसे जो जौहर दिखलाता
मिलें गद्दे, तोशक, खाना जो तू चाहता।'

हुई बहुत देर, सम्भव नहीं वापसी
अब आजादी और मौत अस्तबल की दासी,
उसे अच्छा मिलता खाना, भूसी-दाल-चना
पर आज़ादी के पंख उसने दिये छिना।
यदि हिरण को उस दिन घोड़ा माफ कर देता
न बनता वह दास, मानव की मदद न लेता,
पर जब जले बदले की आग, बनती लाचारी
तुच्छ काम के लिए चुकाते कीमत भारी।

लोमड़ी और बुत (अन्धी व्यक्ति पूजा)

बहुत से शाही लोगों के चेहरों पर चढ़े नकाब
हक़ीक़त से जनता दूर, पूजा कर देती असबाब,
गर्दभ बुद्धिहीन भीड़ में शामिल होता
पर लोमड़ तेज-चालाक सत्य की गन्ध सूँघता।

बुत के चारों ओर हक़ीक़त वह तलाशे
इधर-उधर देखे, ऊपर-नीचे झाँके—
'बड़ा पर खोखला बुत कलाकार ने तराशा
देखने में सुन्दर लगे, पर दिमाग़ तुच्छ जरा-सा।'

यहाँ जाने कितने सामन्त महान नेता कहलाते
यदि देखोगे अन्दर, मूर्ख हम उनको पाते।

भेड़िया, बकरी और मेमना (क्रॉस चैक)

एक बकरी चरने चली घास ताजी
बच्चे को दूध मिले पेट भरे मेरा भी,
दरवाजा बन्द किया, भूली नहीं समझाना
बच्चे रहना सावधान! धोखा नहीं खाना,
याद रखना सही से दरवाज़े का पासवर्ड—
'भेड़िये का सत्यानाश और उसका दुष्ट वंश।'

तभी एक भेड़िया वहाँ से गुजरा
पासवर्ड सुन लिया 'बड़ा साफ सुथरा',
बकरी ने देखा नहीं वह चरने चली
भेड़िया छिपकर खड़ा, आज दावत लगी,
फिर दरवाज़े पर आया बोला मधुर अपभ्रंश—
'भेड़िये का सत्यानाश और उसका दुष्ट वंश।'

पूरा था विश्वास, दरवाज़ा अब खुलेगा
कोमल मेमनों का आज भोग लगेगा,
पर मेमना चकराया, झिरी से देखा
बोला, 'श्वेत पैर दिखलाओ, वरना दरवाज़ा नहीं खुलेगा',
भेड़िया और श्वेत चरण! भेड़िया अभागा
पर वह समझदार, सिर झुकाकर तेज भागा।

मेमना बच गया, आवाज़ पर सन्देह किया
स्थिति भाँप गया, श्वेत पद का प्रश्न उठा।

सही कहा है एक सुरक्षा से बेहतर दो घेरे
यदि पहला टूट जाये दूसरा टक्कर ले,
सही कहा है कि 'सही नहीं एक पैमाना
मानक हैं अनेक, असलियत फिर छिपे कहाँ।'

भेड़िया, माँ और बच्चा (बोल वचन)

पिछली कथा से याद एक क़िस्सा आता
एक-दूसरे भेड़िये की कथा जो प्राण न बचा सका,
एक ग्रामीण ने कहीं दूर बसाई अपनी बस्ती
भेड़िया भाग्य आजमाने पीछे से आया जल्दी,
देखा उसने खाने-पीने और मनोरंजन के साधन
बछड़ा, मेमना और बकरी-मुर्गों की पलटन
यानी, महाभोज का आयोजन।

अपने पेट की आवाज़ भेड़िया रहा सुन
अलसाया-सा
दिमाग़ में चली कुछ उधेड़बुन।

तभी भेड़िये ने सुना बच्चे का विलाप
और माँ की धमकी, चुप कराने का प्रयास
'रोना बन्द कर, भेड़िया आने वाला
तुझे भेड़िये को दूँ, बने उसका निवाला।'

भेड़िये ने बड़े ध्यान से सुना आलाप
उसका सीना चौड़ा हुआ कि लोग खाते सन्ताप—
'धन्यवाद प्रभु मुझे सूत्र हाथ लगा
ये थर-थर मुझसे काँपें, मैं बलवान बड़ा।'

पर शिशु का विलाप नहीं रुक पाया
माँ बोली—'मेरे लाल तुझे कुछ नहीं होगा
यदि भेड़िया यहाँ गलती से आता
भेड़िये को दें मार यदि तुझे डराता।'

जब भेड़िये ने सुनी विरोधाभास की भाषा
पहले गर्वित था, अब कम्पन आता—
'ये समझें मुझे खिलौना, मानव मूर्ख बनायें

कभी मुझसे डरें, कभी हावी हो जायें।'
'किसी दिन सूखे फल[1] चुनने, मुन्ना तू जंगल में आये
फिर देखूँ तेरे रक्षक, तुझे कौन बचाये।'

उसके मुख से निकले शब्द, सब आये दौड़कर
रखवाला कुत्ता लपका
और किसान फावड़ा-जेली लेकर,
तुरन्त शिकारी कुत्ते ने गर्दन से लिया पकड़
जेली-फावड़ों के बीच वह गया जकड़।

'यहाँ क्यों आया दुष्ट? बता ना देर तू कर
जन्मजात खूँखार क्रूरता रही बिखर।'

फिर भेड़िये ने सुना दिया सारा क़िस्सा
सबकी आँखें फटीं,
भयानक इतिहास बड़ा!
माँ बोली—'उफ! सच से हटता पर्दा
लगे तुझे भूख, तू मेरा बेटा चुनता!'
उसके बाद मारे गये विप्रवर
एक मूढ़ ने रखा दायाँ पंजा, सिर काटकर।

भेड़िये का सिर और पैर कटा
पंच के दरवाज़े पर दिया लटका,
और उसके नीचे लिखी एक इबारत—
मौत का कारण, भेड़िये की शहादत
''जनाब भेड़िये ने सही से बोल-वचन सुना नहीं
माँ की शिक्षा बच्चे को जो सिखा रही।''

---

1. भूरे रंग के शुष्क फल जिन्हें भूनकर उनकी गिरी खायी जाती है। इन्हें फ्रांसीसी भाषा में न्वाजत कहते हैं।

सुकरात का सत्यवचन (सच्चे दोस्त)

सुकरात ने जैसे ही अपना आवास बनाया
हर किसी ने टिप्पणी की,
तुलना कर नुक्स बताया
किसी ने मुख्य द्वार के बारे में दी टिप्पणी
किसी ने घर को कहा छोटा, निर्माण कला तुच्छ रही,
और सब अन्त में एकमत
विद्वान और मित्रों के लिए यह बैठक
छोटी शत-प्रतिशत।

सुकरात बोले—'मैं प्रसन्न।'
'और भीड़ में होते कितने मित्र अभिन्न ?'
विद्वानों ने सही कहा कि लोग दोस्ती का करते दावा
पर सच्चे मित्र दुर्लभ, बहुत छोटी संस्था,
और चुटकी भर सच्चे मित्र इस घर में समा सकते हैं
इस तरह हम इस घर को काफी बड़ा पाते हैं।

देववाणी और नास्तिक (खुली-बन्द मुट्ठी के खेल)

प्रभु को धोखा देना मूर्खता मानव की
जो भी शुभ-अशुभ उसे पता सभी,
और अँधेरा भी उससे नहीं छिप सकता
जो भी मानव करे छिपाये, उसे सब दिखता।

एक महाशय चिन्तक थे बहुत बड़े!
और सन्देह के बीज हृदय में छिपे पड़े,
सोचा, आज जाँच करूँ प्रभु की सारी माया
वह अन्तर्यामी है या उसकी बस छाया।

पहुँचा कबूतर लेकर जहाँ प्रभु का मठ बड़ा
अपोलो[1] और देव, दिव्य बिखरी छटा,
कैसे प्रभु को उलझाये पहले ही सोच लिया
कबूतर पर खेले दाँव, सूत्र यह खूब जमा।

उसने सोचा, यदि अपोलो कबूतर ज़िन्दा बतलाता
गर्दन दूँगा तोड़ फिर मुर्दा कहलाता,
यदि अपोलो पक्षी को पहले मृत बताये
पक्षी आकाश में उड़े, देव शर्म से झुक जाये।

जब दरबार में उसने पाखंड की खोली झोली
अपोलो कुपित हुआ भाँपकर इच्छा उसकी,
देव बोले 'हाथ में क्या? मुझे तू दिखलाता
यह बन्द मुट्ठी का खेल मुझे अच्छे से आता।'

'दूसरी बार फँसाने की कोशिश ना करना
वरना तुझे मिलेगा दंड मुश्किल होगा सहना,
धनुष से निकले बाणों का मुझे होता ज्ञान
मुझे पता है बन्द मुट्ठी के ये खेल तमाम।'

---

1. ग्रीक मिथक के अनुसार सच्चाई, प्रकाश और ललित कलाओं के अधिपति। अपोलो को शीर्ष देवपुरुष समझा जाता है।

पाँचवीं पुस्तक

लोहे का घड़ा और माटी का मटका
(असन्तुलित गठबन्धन)

एक लोहे का घड़ा, दूसरा माटी का मटका
एक दिन घड़े ने मटके से कहा—
'क्यों न साथ यात्रा पर हम निकलें
बैठे-बैठे थके, हवा-पानी बदलें।'
मटके ने क्षमा माँगी और तुरन्त कहा—
'अच्छा है प्रस्ताव पर मुझे जँचे नहीं
मैं तो घर में अलाव के पास भला,
तुम काफी मजबूत कठोर तुम्हारी त्वचा
मैं नाजुक कमजोर बेमेल रहा।'
घड़े ने जवाब दिया—
'डर कैसा ? तुम्हारे साथ रहूँगा
हर आफत में साथ तुम्हारे डटा रहूँगा,
यदि कोई विपत्ति आये रास्ते में चलकर
तुम्हें छूने से पहले लेगी मुझसे टक्कर।'
मटका मान गया वे धीरे-धीरे चलते
सफर हुआ आसान हँसी-ठिठोली करके।
रास्ता ऊबड़-खाबड़, मटके में भरता दर्द
कभी घड़ा उससे रगड़े,
हुआ दरार और दर्द से पीला-जर्द।
इस तरह साथ निभाकर चलता
पर कुछ ही दूर चला, चटककर फटता मटका।

वर्ग, शरीर, विचार यदि दोनों का मिलता
रिश्ता लम्बा चले उदाहरण बने न मटका।

छोटी मछली और मछुआ (कल किसने देखा ?)

एक छोटी मछली भी बड़ी बनेगी
यदि प्रभु की उसपर कृपा होगी,
मैं समझता हूँ कि यह मूर्खता
कि मछली बड़ी होने का करे इन्तज़ार
जबकि कल का नहीं पता।

एक छोटी 'कार्प'[1] मछली जाल में फँसी
मछुआ हुआ खुश यह शगुन सही,
खूब सारी मछली चुनूँ आज मैं थैला भरकर
रात्रिभोज में पके, तृप्त मैं मछली चखकर।

बेचारी मछली बोली—'ओ शिकारी! बात सुनो
मुझे पकड़कर क्या पाओगे? यह कहो,
मैं एक छोटी मछली, नहीं तुम्हारा पेट भरेगा
बड़ी होने पर पकड़ो, धन-असबाब मिलेगा।'

मछुए ने एक क्षण किया विचार
फिर मछली को उसने यह दिया जवाब—
'सुन्दर है प्रस्ताव पर कल का नहीं भरोसा
आज हाथ में एक उसी का भोज बनेगा।'

जो मुट्ठी में रखा वही अपना होता
एक मछली हाथ में बेहतर,
कल का नहीं पता।

1. यहाँ फॉन्तैन ने कविता में छोटी कार्प मछली को कार्पिऑं कहा है और बड़ी होने पर कार्प नाम दिया है। भारत में इस प्रजाति की एक मछली को कतला के नाम से भी जाना जाता है।

खरहा के कान (अँधेर नगरी चौपट राजा)

जंगल का राजा एक दिन होता जख्मी
एक दुर्घटना में गलती पायी सींग की,
तुरन्त हुआ हुक्म जानवर सींगधारी
छोड़े मेरा राज्य, दिखे ना फिर कभी।

भैंसा, बकरी, साँड़ सभी सींगधारी शापित
हिरण आदि भी दूर हुए अब निर्वासित,
एक खरहे ने जब देखी अपनी छाया
छाया में देखे कान सींग-से, घबराया।

जंगल छोड़ने को तैयार कान मेरे सींग में बदले
यहाँ नहीं रुकूँगा, मेरे दोस्त झींगर, विदा तुम्हें,
झींगर बोला—'क्या मुझे तू मूर्ख समझता
तेरे सिर पर बड़े कान, सींग का भ्रम तू रखता।'

मेरे कान समझे जायेंगे सींग, मैं कमजोर बड़ा
नहीं याद तुम्हें सींग वाले घोड़े का क़िस्सा[1] ?
मैं निकलूँ यहाँ से दूर यह अंधेर नगरी
अपने तर्कों के लिए बसेरा पागलखाना[2]
और यहाँ बड़े कानों के लिए सजा भी मिल सकती।

1. दिव्य गुणों से युक्त एक घोड़ा जिसके माथे पर सींग था। अनेक यूरोपियन कथाओं में लीकॉर्न (Licorne) नाम के इस घोड़े का ज़िक्र आता है।
2. कविता में पेरिस के एक अस्पताल पतित मेजॉ का ज़िक्र है जिसमें पागल, असहाय और विपन्न लोगों को रखा जाता है।

पूँछ कटा लोमड़ (प्रस्ताव और परियोजना)

एक बूढ़ा लोमड़ पर धूर्त और फुर्तीला
मुर्गी और खरगोश झपट कर पकड़ता था,
दुर्दिन, शिकारी के कठघरे से बाल-बाल बचा
जीवन उसका बचा, पर ली पूँछ कटा।

बड़ा ही लज्जित हुआ ज़माना क्या कहेगा
अपने साथियों के बीच वह 'श्रीहीन' रहेगा,
फिर एक दिन सब लोमड़ों की सभा जुड़ी
अनेक मुद्दों पर चर्चा सलाह आपस में की।

ये महाशय भी सभा में थे आसीन
सबसे मुखातिब पर दिल में बड़े थे हीन,
बोले—'लोमड़ों की पूँछ गलती कुदरत की
व्यर्थ का यह भार गन्दगी चिपकी होती,
यदि मेरी मानो, सब दुम काटो, दो भार हटा
जीवन बने चुस्त, दूर गन्दगी और मलबा,
इस तरह करो तुम नया सृजन
युक्ति बड़ी मुफीद, मैं कर रहा मनन।'

एक लोमड़ बोला—'प्रस्ताव आपका है प्यारा
पर तुम पीछे मुड़ो, जवाब मिले हमारा।'
इस उत्तर पर लगे ठहाके
पूँछ-कटा भूला सिट्टी-पिट्टी
पूँछ कटाने का फैशन इस तरह चला नहीं।

यहाँ सब प्रस्ताव समाज के हित में नहीं हुए
कुछ निजी लाभ और धूर्तों की ढाल बने,
यदि जनता है सजग नहीं चले धूर्तता
सब पूँछहीन बनें, यदि दब्बू-मूर्ख है जनता।

जंगली मनुष्य और यात्री (सभ्यता का सच)

दूर जंगल में एक जंगली[1] और उसका परिवार
गुफा में रहता था
उस दिन भरा कटोरा सूप का हाथ में थामे
बेताबी से
वे अपनी भूख मिटाते थे।

गुफा के तल पर नमी, काई, शैवाल के गुच्छे
कुदरत की गोद में
उसकी पत्नी बालक बच्चे
नहीं जानते थे कैसा होता ऐशो-आराम
और न सभ्य समाज की चटाई, कालीन, तोशक-गद्दे
बस वहाँ भूख थी।

फिर उधर एक यात्री तूफानी वर्षा में भटका
गुफा में दाखिल हुआ
थर-थर काँप रहा था
जंगली के लिए था यह अचम्भा
अतिथि देवो भव:
सूप पीने को दिया।

अजनबी हाथों को गर्माने के लिए
उनपर फूँक मारता था
फिर कटोरा हाथ में लेकर
फूँक मारकर
सूप ठंडा करता था।

---

1. मूल कविता में जंगलवासी सातीर का ज़िक्र है। ग्रीक मिथक के अनुसार ये चरवाहों के देवता पेन के सहयोगी थे। इनके बकरे की तरह पैर और पूँछ होती थी और शेष आकार मनुष्य की तरह होता था।

जंगली को माजरा समझ न आया
बड़े अचरज से उसने पूछा—

'क्यों मारते फूँक इससे क्या होता है?'
यात्री बोला—
'पहले मारी फूँक गर्म हो जायें उँगली
फिर फूँक मारता
कोशिश सूप ठंडा करने की।

जब यह सुना
जंगली कुपित हुआ—
'लोग मुझे भले जंगली कहें
पर तुम भागो यहाँ से,
मानव तेरा चरित्र उचित कहाँ!
मैं नहीं चाहता और न ही मेरे देव
कि लुत्फ उठाओ मेरे सूप का,
कभी फूँक से गर्म कभी ठंडा करते हो
तुम्हारा दोहरा चरित्र है सन्दिग्ध बड़ा।'

घोड़ा और भेड़िया (जब भेड़िया वैद्य बना)

किसी समय एक भेड़िया माँद के बाहर आया
घास भरा मैदान, सुखद हवा, मस्त मौसम छाया,
सारे जानवर बाड़े, माँद से बाहर आते
खोजें अपना भोजन, पेट की आग बुझाते।

भेड़िया जाड़े के कोप से नहीं बचा था
अलसाया-सा उठा, एक घोड़े को देखा,
सोचा—'किस्मत अच्छी नया स्वाद मिलेगा
क्या बात है! आज नायाब मांस बनेगा।'

'तू भेड़ नहीं फिर भी मेरे चंगुल में होगा
आज शक्ति का नहीं दिमाग का खेल चलेगा,
बनें हिप्पोक्रेट[1] मेरे गुरु जो बड़े महान
और दिखाऊँ आज नब्ज-नाड़ी का ज्ञान।'

'मैं चिकित्सक श्रेष्ठ, काय-शल्य में प्रवीण
बड़े रोगी ठीक किये, पायी काया नवीन।'
फिर पूछा—'महाशय, क्या कोई रोग नहीं?
काटूँ जड़ से रोग, ग्रन्थ में कहा सही।'

घोड़े ने उत्तर दिया—'छिपाना कुछ नहीं चाहता
मेरे खुर में नासूर, चिकित्सक कोई मिल जाता।'
'शल्य का मुझे ज्ञान'—भेड़िया चिल्लाया
'मैं पहले शाही घोड़ों का मुख्य चिकित्सक था।'

घोड़ा समझा चाल, मारी एक दुलत्ती
वैद्य जाकर गिरा दूर, टूट गया जबड़ा-बतीसी,
भेड़िया चेतन हुआ, घोड़े ने सही किया
मन में बड़ा दुखी कराहकर यूँ कहा—

'मैंने चाहा करना इलाज पर उल्टी मिली खुराक
दोनों का पेशा अलग, ज्ञान का नहीं छिपाव,
तू करता यहाँ ढोंग वैद्य बन सदाचार
पर सचमुच तेरा रक्त-मांस का है व्यापार।'

---

1. चिकित्सा विज्ञान का पिता।

किसान और उसके पुत्र (मेहनत का फल)

श्रम स्वयं में है एक समृद्धि
श्रमहीन जीवन मानव की बड़ी गलती।

एक किसान का जब अन्तिम समय आया
कोई गवाह नहीं था, बच्चों को पास बुलवाया,
किसान बोला—
'पूर्वजों का खजाना खेत में छिपा
पर नहीं पता स्थान, छिपी जहाँ धन-सम्पदा,
पतझड़ के तुरन्त बाद खेत में उसे खोजना
खोदो मिट्टी, पलटो, खूब उसे गोढ़ो
बचे ना कोई जगह, खजाना हर जगह ढूँढ़ना।'
इतना कहकर किसान स्वर्ग गया सिधार
पुत्रों ने पालन किया लालच में भरकर,
छाना पूरा खेत बचा नहीं कोई कोना
पर नहीं मिला स्वर्ण का कलश, अशर्फी या गहना।
हाँ, उस साल फसल हुई बहुत अच्छी
भरा कुठार और घर, धन की वर्षा-सी।

अब समझे उसके पुत्र, पिता की नसीहत
हीरे-मोती नहीं, खजाना खुद है मेहनत।

जब पहाड़ ने जन्म दिया
(खोदा पहाड़ निकली चुहिया)

एक पर्वतमाला से जनता को बड़ी आशा
पता नहीं इसके गर्त में क्या छिपा है!
लोगों का स्वप्न बड़ा भव्य पेरिस-सा
पर जब पहाड़ खुदा, निराशा छायी,
लोगों के स्वप्न महान पर पहाड़ से निकली चुहिया।
मैं एक और उक्ति यहाँ देना चाहता हूँ
एक कवि शान से चिल्लाता है—
'मैं गाता गीत युद्ध और शक्ति के
दामिनी तूफानों के देव, कविता में बस के।'
यह बड़ा दावा, लोग जो करते हैं
पर अक्सर निकलता क्या?
हवा के कुछ झोंके।

भाग्य और बच्चा (भाग्य का दुर्भाग्य)

एक बहुत गहरे कूप की दीवार पर
एक छात्र सोता चिन्ताहीन
मौत से बिल्कुल सटकर,
यदि कोई ज्ञानी वहाँ होता
घिग्घी उसकी बँधती, बाँसों नीचे गिरता।
जब भाग्य की देवी वहाँ से गुजरी
बहुत मधुर स्वर में बच्चे से करने लगी विनती—
'मेरे प्यारे बच्चे, मैं बचाती तुम्हारा जीवन
अगली बार सोच-समझकर
नहीं सोना यहाँ तुम,
यदि तुम नीचे गिरते तुम्हारी होती गलती
पर दुर्भाग्य की गठरी मेरे सिर पर बँधती।'

मैं भाग्य के तर्क से हूँ सहमत
हम जो भी करते ऊँच-नीच,
खुद पैदा करते गफलत
फिर गलती मढ़ देते भाग्य के माथे पर।

दो चिकित्सक (चित भी मेरी, पट भी मेरी)

एक वैद्य ने मरीज की करी चिकित्सा
उस समय, दूसरा वैद्य भी वहाँ उपस्थित था,
पहला वैद्य बोला—'मरीज स्वास्थ्य लाभ करेगा।'
दूसरे ने प्रतिवाद किया—'नहीं, यह अपने पूर्वजों के साथ रहेगा।'
दोनों की दृष्टि अलग, भिन्न मत था
इसी बीच मरीज इस दुनिया में नहीं रहा।

अब दोनों 'सिद्ध' खुद को साबित करते
एक-दूसरे की खोदें कब्र, आपस में भिड़ते,
दूसरा बोला—'मुझे पता, मैं ज्ञानी लक्षण चिकित्सा का
निश्चित इसकी मृत्यु होगी, रोग भयंकर था।'
पहला बोला—'मुझे पता था यह स्वास्थ्य लाभ करेगा
यदि माने मेरी सलाह बीमारी से उबरेगा
यदि मुझे वह सुनता, आज जीवित होता
पर सुनी तुम्हारी सलाह, मरीज प्राणों को खोता।'

मुर्गी और सोने के अंडे (लालच का फल)

बहुत से लालची लोग सब हड़पने खातिर
खो देते हैं जो हाथ में होता फिर,
मैं नहीं चाहता करूँ इसकी पुष्टि
'मुर्गी की कथा' एक घटना छोटी
देती एक उदाहरण कि हद मूर्खता की।

एक लालची के घर सोने की मुर्गी
सोने का अंडा वह हर दिन देती थी,
जैसे स्वर्ण उसके पास बढ़ता जाता
उसी तरह लालच का उस पर नशा छाता।

सोचे, क्यों मैं व्यर्थ में इन्तज़ार करूँ
एक अंडे के फेर में हर रोज़ रहूँ,
इस मुर्गी के अन्दर छिपा स्वर्ण बड़ा
वध करूँ समेटूँ सोना, सब हो मेरा।

मुर्गी को दिया मार, अन्दर मिली विष्ठा
लालच का फल मिला और सिर पटका,
कितने लालची एक दिन में सड़क पर आ जाते
जब बनना चाहें कुबेर, शार्ट कट अपनाते।

अस्थि कलश ढोने वाला गर्दभ (दुआ-सलाम)

गर्दभराज पर कलश रखा था अस्थि का
एक सन्त की अस्थि जिसका यश फैला था,
गर्दभ चले बड़ी शान से, नहीं थका-हारा
सोचे मैं बड़ा कुलीन, सबकी आँखों का तारा।

जब निकला रास्ते से, सब सुगन्ध छिड़कते
और साथ में प्रार्थना के स्वर गूँजते,
लगे शान में चाँद, वह फूला नहीं समाया
एक सज्जन समझ गये, गर्दभ को समझाया—
'ये इत्र, फूल, सुगन्ध, भजन और जनसैलाब
सब कलश के लिए, समझे गर्दभ महाराज।'

एक मूर्ख अधिकारी को भी जनता चले सलाम ठोककर
पर यह उस चोगे के लिए जो सजता उसके तन पर।

हिरण और अंगूर की लता (कृतघ्न)

एक हिरण को अंगूर लता में शरण मिली
जो छायी चारों ओर एक झुरमुट-सी,
वह कुत्तों और शिकारी से बचा
शिकारी कुत्तों पर क्रोधित, बता रहा खता।

शिकारी ने कुत्तों को वापस पास बुलाया
हिरण बहुत प्रसन्न, खतरे से बाहर आया,
पर देखो कैसा कृतघ्न बेल वह चबाता
बेल ने बचाये प्राण, जरा नहीं शर्माता।

कुत्तों ने सुनी आवाज, रुके, फिर आये झपटकर
हिरण को लिया पकड़ घायल पड़ा धरा पर—
'मैंने घोर मूर्खता की, मैं कृतघ्न बड़ा
आज इसी मूर्खता का फल मुझे मिला।'

दया शिकारी को आँसुओं पर आयी नहीं
हिरण दिया मार उसे सजा मिली,
दुर्भाग्य मिलता उन्हें जो जलाते आशियाना
जिसके नीचे रहें चाहते उसे मिटाना।

सर्प और रेती (आलोचक महोदय)[1]

एक घड़ीसाज का सर्प पड़ोसी
(जब सर्प ही पड़ोसी हो तब बदकिस्मती),
उसके घर में घुसा इरादा कुछ खाने का
नहीं चखने को मिला कटोरा भरा सूप का।

वहाँ सर्प को मिली धातु की रेती
कठोर बड़ी तेज घिसकर रख देती,
सर्प ने मारा मुँह, डसता वह विषधर
रेती ने मीठे स्वर में कहा फिर–
'ओ अज्ञानी, नाहक मुझसे तू जूझता
अपने से ज्यादा कठोर को तू नहीं डस सकता
समय बड़ा बलवान तोलकर रख देता है,
नहीं कोई क्षुद्र मूल्य तुझे होगा हासिल
तेरा जबड़ा घिसे, नहीं तू होगा फाजिल।'

यह छोटी कविता एक खास बात कहती
कमी नहीं यहाँ आलोचकों की,
धूर्त व्यर्थ में आलोचना के दाँत गड़ाते
लगातार फन मारें और लहराते।

एक आलोचक
पुस्तकों पर दाँतों के निशान बनाना चाहता है,
पर क्या एक जहरी
पीतल, हीरे, फौलाद को ज़ख़्म दे पाता है ?

---

1. यहाँ फॉन्तैन का उद्देश्य अपने समय के कुछ आलोचकों पर कटाक्ष करने का था।

खरहा और तीतर (विपत्ति और व्यंग्य-एक)[1]

दुखियों का मज़ाक़ हम नहीं उड़ाएँ
दुख का पता नहीं वह कब आ जाये।

विद्वान इसप ने अपनी कथा में समझाया
मैंने इसकी पुष्टि की, उदाहरण में बतलाया।
जंगल में एक खरहा और तीतर पड़ोसी
मिलजुलकर रहें वहाँ शान्ति थी।
फिर कुत्तों ने वहाँ धावा बोला
शिकारियों का झुंड बड़ा घातक था।
खरहा भागा तेज जितना भाग सका
कुत्तों को चकमा दे
अपने बिल में जा छिपा।
वह अपनी छोड़े गन्ध बड़ा अभागा
कुत्ते इधर-उधर सूँघते थे
खरगोश पर दुष्ट-दशा।
फिर कुत्तों से खिचड़ा-टूटा, वह गिरा थका-सा
जैसे हमले में प्राण अन्तिम गिनता था।

फिर तीतर आया पास, चोंच खोली व्यंग्य की—
तुम भागने के सरताज
दिखाओ गति अपनी।
क्यों लटके अब पैर, क्यों नहीं भागते ?
पहले फिरते थे, बड़े फुदके-फुदके।

इसके तुरन्त बाद तीतर को इनाम मिला
चील के पंजों से बच नहीं सका,
भागा इधर-उधर, प्राण हथेली पर रखकर
पर बना चील का ग्रास, तफरी गयी निकल।

1. फॉन्तैन की कविताओं में जानवरों के मनोरंजक नाम पाये जाते हैं। इस कविता में ब्रीफों, मीरों और रूस्तों नामक शिकारी कुत्तों का उल्लेख आता है।

लोमड़ और गिलहरी (विपत्ति और व्यंग्य-दो)[1]

फिर देखो समय का चक्र आगे बढ़ता
अब मुस्काने वाला ऊँट के नीचे बैठा।

रखवाला नहीं अनजान, क्रोध से रहा तड़प
खायी मेरी मुर्गी, लोमड़ जाये न बच,
जब ख़त्म हुआ तूफान, लोमड़ जाल में फँसा
गायब हुई हँसी, सामने आया सच।

जब गिलहरी ने देखा, नहीं मज़ाक़ बनाया
उसे पता बुरा वक़्त सब पर आया।
कभी नहीं विपत्ति पर हमें हँसना चाहिए
दुर्दिन एक ऊँट, पता नहीं किस करवट बैठे।

एक दिन एक गिलहरी तूफान में फँसी
टूटा उसका घर कीचड़ में लिपटी,
चोट आयी थी तन पर वह तड़प रही थी
नहीं खाने को दाने, वह भूखी फिरती थी।

लोमड़ ने देखा फिर की ठिठोली—
'तू चली स्वर्ग के द्वार, मौत की बन हमजोली।'

गिलहरी थी उदास पर कुछ कहा नहीं
जारी था तूफान दुर्दिन की झड़ी लगी,
पर लोमड़ पड़ोसी की मुर्गी चुरा-चुरा कर
अपना पेट भरे, गिलहरी की लेता खुश्की।

---

1. फॉन्तैन की मृत्यु के बाद प्रकाशित इस कविता में फॉन्तैन ने फ्रांस के भ्रष्ट वित्त अधिकारी निकोला फूके को गिलहरी के रूप में चित्रित किया था। फूके के बाद फ्रांस के वित्त की कमान जॉ बातीस्त कोलबेर (1619-1683) ने सँभाली थी। उसने गिरी हुई अर्थव्यवस्था को पुनः सही अवस्था में पहुँचाया। इस तरह वह निकोला फूके का एक सक्षम प्रतियोगी था।

जब शेर लड़ने चला (गठबन्धन का गणित)

एक बार की बात जब युद्ध छिड़ा
चतुर सिंह ने देखो कैसा प्रबन्ध किया,
तुरन्त युद्ध समिति की बैठक की
दरबारी दें सन्देश, जनता जाने सभी,
कि सब अपने दायित्व, बुद्धि-क्षमता से युद्ध लड़ेंगे
श्री गज पीठ पर आयुध रख प्रबन्धन देखेंगे,
इसके साथ ही उनकी भारी सूंड चलेगी
शत्रुओं के पैर उखाड़े जब चिंघाड़ मचेगी,
श्री भालू धावा बोल, रिपु का करें दमन
श्री लोमड़ खुफिया विभाग का देखें प्रबन्धन,
बन्दर कुमार को दी गयी भारी जिम्मेदारी
शत्रु को दिखा नख-दन्त, कला,
करें भ्रम-भय भारी।

तभी एक मंत्री ने दिया मशविरा—
'गधा भारी मूर्ख, नहीं किसी काम का
और खरगोश डरपोक बड़ा बेचारा होता
थर-थर कांपे वह, दाँत भींचकर रोता।'

सिंह ने मन्त्री की बुद्धि पर हैरत की
और कहा कि 'इन दोनों के बिना सेना रहे अधूरी।'
फिर अपना तर्क दिया—
'श्री गर्दभ की हेंचुक डर भरे रिपु में, बन रणभेरी
खरगोश धावक तेज, ज़रूरत सन्देश रत्न की,
इन दोनों को दल में उचित स्थान मिले
दोनों उपयोगी जीव, हीनता नहीं जगे।'

वह बुद्धिमान था और एक सक्षम राजा
छोटे जीव की क्षमता को भी पहचाना,
हर तरह से क्षमता में की श्रीवृद्धि
सब उपयोगी समर्थ, कोई हीन नहीं।

भालू और दो दोस्त
(ज़िन्दा भालू की खाल के व्यापारी)

दो दोस्त जिन्हें बहुत थी जल्दी
मेहनत करनी नहीं, बरसे भारी नकदी,
उनका पड़ोसी था चमड़े का व्यापारी
उन्होंने वहाँ पहुँचकर
ज़िन्दे भालू की खाल प्रस्तावित की—

'एक बहुत बड़ा भालू जीवित फिरता
हम उसकी बेचें खाल तुम पर धन बरसेगा,
इन जाड़ों में खाल की होगी ऊँची कीमत
बने बड़ा-सा कोट और दो सुन्दर अस्तर।'

व्यापारी उनकी बुद्धि पर हँसता था
पर उसने किया दोनों से समझौता,
दो दिन में मिले खाल, पक्की बात हुई
भालू को कुछ पता नहीं कि उसकी खाल बिकी।

दोनों मित्र जंगल में मँडराते
भालू को रहे खोज, सिक्के खनकाते,
खयाली पुलाव पकाएँ, नकदी-सिक्के-बाज़ार
वित्त के समीकरण धनी बनने के ख्वाब।

तभी भालू की गुर्राहट जंगल में गूँजी
दोनों हो गये सन्न, गुम सिट्टी-पिट्टी,
एक चढ़ा पेड़ पर तेज लपककर
दूजा गिरा धरा पर श्वास बन्द, मृत भेष बनाकर।
भालू ने सूँघा चक्कर अनेक लगाता
नहीं चले श्वास उसको वह मृत पाता,

वह रोके रहा श्वास नहीं हिला सुईभर
भालू को धोखा हुआ, वह गया निकल।

पहला पेड़ से उतरा, काँप रहे थे दोनों साथी
पूछा उसने—'दोस्त, भालू ने तुम्हारे कान में क्या बात कही?'
दूसरा बोला—'कहा भालू ने धन्धा कोई और चुनो,
ज़िन्दे भालू की खाल के व्यापारी,
प्रिय, तुम कभी नहीं बनो।'

गधा शेर की खाल में (सामन्तों की असलियत)

एक हीन गधा जब शेर की खाल में छिपता है
फिर अजीब विडम्बना का दृश्य होता है।

उसे पता है कि वह 'श्रीहीन' गधा है
पर जानवरों का क्या, हर कोई डरता है।

ऐसे लोगों का भेद भी खुल जाता
जब कुछ लोगों को गधे का कान बाहर दीखता।

जिन्हें पता नहीं इस सूरमा का समीकरण
माथे में मारें हाथ, अक्ल पर पड़ता भ्रम।

आखिर क्यों आटे के मिल पर यह सिद्ध सिंह करे शिकार!
उन्हें पता नहीं वहाँ बोझा ढोता
और पीठ पर सोटे की बौछार।

यहाँ फ्रांस में
बहुत से लोग इसी मर्ज के मारे
भरें सामन्ती भेष ये बेचारे,
और छिपाते सच, झूठा भेष बना
पर गधे का कान
शेर की खाल में कहाँ छिपा!

छठी पुस्तक

लोमड़, बन्दर और जानवर (ताजपोशी)

एक बार की बात जंगल में सभा जुड़ी
जब सिंह प्रतापी जंगल का, उफ! रहा नहीं,
नया राजा चुनें, जंगल पर राज करे
ताजपोशी हो जंगल का सरताज बने।

ड्रैगन था ताज का संरक्षक
खोल तिजोरी, ताज रख दिया चौकी पर,
बारी-बारी से सबने ताज को पहना
जमा किसी को नहीं, माप सही लगा ना।

कुछ जानवरों के सिर पर ताज नहीं फँस पाया
भारी सिर, सींग, ताज नहीं नीचे तक आया,
कुछ छोटे सिर के जीव, ताज नीचे गिरता
कुछ ताजों से पार, शरीर सूखा पत्ता।

फिर वानर ने उलट-पुलट कर ताज को पहना
भाग्य का देखो फेर, ताज सही जमा,
बन्दर किलकारी भरे, ठिठोली वह मचाये
उछला-उछला फिरे, मन में हर्षाये।

सब जानवरों ने मूर्ख बन नमस्कार किया—
'वानर कुमार की जय हो, ओह! ताज मिला।'
पर लोमड़ नहीं सन्तुष्ट, न मूर्खता का आदी
पर दिल के ज़ख़्म छिपा उसने भी स्तुति की।

उसके बाद लोमड़ बोला—
'हे कुलश्रेष्ठ! बने आप राजा प्रतापी
जंगल में स्वर्ण खजाना छिपे मुहर-अशरफी,
यह खजाना आपके लिए, राजा की सम्पत्ति
उस तरफ़ वह छिपा, विलम्ब सही नहीं।'

वानर लालसा को रोक नहीं पाया
भागा पत्ता तोड़, खज़ाना खोदना चाहा,
तुरन्त फँसा पिंजड़े में, वह चकराया
लोमड़ ने हाथ खड़ा कर यूँ समझाया—
'तू मूढ़, नहीं ताज का उत्तराधिकारी
लालसा का तू दास, ठिठोली करता भारी,
तुच्छ इच्छा का पिंड, तू इनका कठपुतला
ऐसा कमजोर तुच्छ जंगल का शासक बनता ?'

यहाँ कितनी कठपुतली और बैठे कुविचारी
पहने बैठे ताज, मूर्ख बनाते भारी,
ताज सबके लिए नहीं, सब पर नहीं फबता
चाहिए विशिष्ट गुण, नियन्त्रण और क्षमता।

खच्चर द्वारा पूर्वजों की कीर्ति का गान
(अतीत की यादें)

एक पादरी रखता था—एक खच्चर
खच्चर शाही वंश से था
नशा गया चढ़,
हमेशा बात करे अपने शाही खानदान की
करता फिरे बखान, गाये पूर्वजों की कीर्ति—
'मेरी माता सुन्दर थी, बहुत शाही
कभी इधर, कभी उधर उसने बाजी मारी,
इन सबका उल्लेख इतिहास में रहे
शिलालेख पर खुदे, पढ़ें सब, फख्र करें।'

जवानी में
उस खच्चर का दिमाग़ सातवें आसमान पर
वैद्य की सेवा में था
पर काम लगता था दूभर।

जब वृद्ध हुआ
आटे के मिल पर बोझा ढोता था
याद पिता की आये
आँसुओं से रोता था।

यदि विगत था शाही
अब समय टूटा-फूटा
खच्चर उसमें निकालता योग शाहीपन का।

अतीत की सन्दूक एक फायदा करती
उससे निकली यादें, दिल बहला देतीं।

वृद्ध और गधा (गधा तो गधा रहेगा)

एक वृद्ध गधे पर सवार
रास्ते में हरियाली देख, किया विचार,
यहाँ हरी लम्बी घास ताजी
गधा दिया छोड़, मिले थोड़ी आज़ादी।

गधे ने देखी घास वह मुस्काया
घास चरे, लेटे, खुशी से चिल्लाया,
हवा में फेंके लात, चीं-पों का बिगुल बजाता
उधर दुश्मन गधे को देख तेजी से आता।

वृद्ध बोला गधे से 'भागो, दुश्मन आया!'
गधा बोला 'क्या दुश्मन अधिक बोझ लादेगा?'
वृद्ध बोला 'जान बचाओ, बोझ की बात नहीं
तुम भी भागो, मैं चला अभी।'

गधा बोला—
'मुझे चरने दो महाराज, बचाओ अपनी जान
मुझ पर लादते हो तुम भार तमाम,
यदि दूसरा मालिक भी यही करेगा
वैसे हर मालिक दुश्मन है
गधा तो गधा रहेगा।'

हिरण और उसकी परछाईं (सच्ची सुन्दरता)

स्वच्छ निर्मल झरने के किनारे
एक हिरण जल में परछाईं निहारे,
जब देखी अपने सींग की सुन्दरता
बोला—'धन्य मेरे प्रभु, मुझे यह रत्न दिया।'

पर जब उसकी टाँगों पर पड़ी नजर
बोला—'उफ, ये पतली कमजोर तिनके-सी रहीं बिखर,
नहीं सींग और टाँगों में कोई समानता
प्रभु ने मेरे साथ क्यों अन्याय किया?'

तभी एक शिकारी कुत्ता उधर झपटा
मुँह उसका खुला हिरण को वह तकता,
हिरण भागा तेज कुंज के नीचे चलकर
पर सींग शाखों में लगें, हिरण भागे झुककर।

अब अपने सुन्दर सींगों का वह उपहास उड़ाता
जिन्हें प्रभु हर साल यूँ ही बढ़ाता,
आज कुरूप टाँगों ने बचाया उसका जीवन
अब समझ गया, सींग व्यर्थ का आभूषण।

हम सुन्दरता के दास, उसकी अन्धभक्ति करते
और साधारण को तुच्छ, हम घृणा से तकते,
थे सुन्दर हिरण के सींग, उसे उलझाया
पर भद्दी टाँगों से आखिर वह बच पाया।

कछुआ और खरगोश (सतत चाल का सूत्र)

भाग-दौड़ निरर्थक यदि, दौड़ समय पर नहीं शुरू
और समय पर ना पहुँचें
कछुआ और खरगोश की कहानी कुछ यही कहे।

एक दिन कछुए ने खरगोश से कहा—
'ओ चंचल जीव, मुझसे दौड़ लगा।'
खरगोश हँसा—'पगले तुझे नहीं पता
तू हारेगा और मैं पहले से जीता,
कैसे मच्चक-मच्चक तेरी चाल
जैसे अनाज के दाने रास्ते में गिनता।'

कछुआ नम्र था वह कड़वा नहीं बोला—
'जीत-हार का निर्णय आगे होगा,'
जानता था—सही चाल का सूत्र सततता में छिपा है।
फिर दोनों ठोकें ताल और दौड़ें
खरगोश आगे था कछुए को पीछे छोड़े।

खरगोश को विश्वास था, बनेगा वही विजेता
करे छाया में आराम चैन से झपकी लेता,
हरे-भरे खेतों में घूम चबाता हरी पत्ती
वह कुत्तों से बचे, तफरी इधर-उधर की।

कछुआ रुका नहीं वह मंज़िल तक पहुँचा
खरगोश का पता नहीं, पर कछुआ नहीं रुका,
समय काफ़ी हुआ खरगोश की आँख खुली
दौड़ा बहुत तेज पर विजय मिल नहीं सकी।
कछुआ बोला—'कहा मैंने कि मैं एक अच्छा धावक
तुम्हारी फुर्ती वाली चाल रही यूँ नाहक,
यदि मेरी तरह तुम अपना घर कमर पर ढोते
तुम्हें कितनी होती देर और भी पीछे होते।'

सही नहीं था यहाँ खरगोश का प्रबन्धन
सतत चाल का सूत्र
कछुआ गया विजेता बन।

गर्दभराज और उसके मालिक (दलबदलू)

एक माली के गधे ने देव से की विनती—
'बहुत समय से दुखी, दवा दो इस दर्द की,
पौ फटने से पहले उठूँ, मैं बड़ा अभागा
मुर्गा बाँग ज़ोर से देकर मुझे जगाता,
फिर मैं फल-सब्ज़ी पहुँचाता हूँ बाज़ार
टूटे मीठी नींद, तुच्छ-सा यह अधिभार।'

प्रार्थना की स्वीकार प्रभु ने उपकृत किया
सब कुछ मिला नया, माली से पीछा छूटा,
नया मालिक था चमड़े का कारीगर
चमड़ा साफ करे, चलता उसपर घर,
यहाँ भी गधे को हुई पीड़ा भारी
चमड़े की गन्दी गन्ध, बनी थी लाचारी,
और गधा अतीत के बारे में सोचता अक्सर
जब गोभी, हरी सब्ज़ी चखता था
मालिक की नजर बचाकर,
अब यहाँ बदबू का अंबार और सिर भन्नाता
ना सब्ज़ी ताजी घास, आज वह पछताता।

एक बार फिर प्रभु की सजी अदालत
बदलूँ उसका मालिक, मिले उसे अब राहत,
नया मालिक था कोयले का व्यापारी
दिन भर लादे बोझ फिर सोटा
फिर सबसे बाद में सोने की बारी।

एक बार फिर गर्दभ ने प्रभु को पुकारा
प्रभु हुआ क्रुद्ध उसने फिर विचारा—
'क्या स्वर्ग में, गधे के हित मैं आसीन!
मेरी सत्ता और ध्यान, गधा रहा छीन।

नहीं कभी सन्तुष्ट, निकम्मा दुख सोचकर
फिर शिकायत की गठरी रखता, हर जगह खोलकर।'

इस तरह कितने मानव कभी शान्त नहीं
हर बार काम की करें शिकायत, कभी बुरी स्थिति
देव भी थका रोज़ शिकायत सुनकर
और दलबदलू गधा चिल्लाता अपनी नियति पर।

ग्रामीण और सर्प (कृतघ्न को दंड)

इसप ने एक गाँव के आदमी का ज़िक्र किया
जो ज्ञानी से अधिक सज्जन था,
शीत का दिन, खेत पर टहल रहा था
ठंडा-सुन्न सर्प बर्फ पर वहाँ पड़ा था।

किसान को आयी दया, सर्प के प्राण बचें
लाया उसको घर कि कुछ तपन लगे,
अँगीठी के पास रख वह आग सेंकता
नहीं था अनुमान ज्ञान इस विषधर का।

जब लगी सर्प को तपस उसे होश कुछ आया
नाड़ियों में बहा रक्त, फितरत दिखलाता,
फिर उठा लिया फन, वह हमले को तत्पर
जहरी मारे फुंकार, जात न भूले विषधर।

वहाँ किसान का परिवार वह घबराया
मेरी दया की ऐसी सजा, वह थर्राया,
कुल्हाड़ी हाथ में ले किसान सर्प पर झपटा
करे दो वार, एक के तीन बना।

फन, पूँछ, धड़ तड़पें आपस में जुड़ने ख़ातिर
हुई बहुत देर, सजा दुष्ट को गयी मिल,
दया है महान पर पात्र नहीं विषधर
ऐसे दुष्ट का अन्त होता है यूँ भयंकर।

बीमार शेर और लोमड़ (वादाखिलाफ़ पासपोर्ट)

जंगल का राजा शेर बीमार
बूढ़ा अपनी गुफा में क़ैद
थका लाचार,
तुरन्त उसने सन्देश भिजवाया
दूतावास के दूतों से बतलाया,
कि 'सब जाति के छोटे-बड़े प्रधान
सेवा में हों हाजिर
नहीं करे कोई भय, सुरक्षा मिलती फिर,
दाँत न देंगे घाव
न ही चलेगा पंजा
इस तरह नख-दन्त से हर कोई महफूज रहेगा।'

इस तरह यह 'वायदा' लिखा गया पासपोर्ट पर
सिंह ने जारी किया और प्रमाणित भी
अपनी मोहर लगाकर।

फिर गुफा में शेर को प्रधानों का स्वागत करना था
अतः मुँह साफ किया, पंजे पैनाये
और पसर गया।

पर लोमड़ इस दाँव में नहीं आया
उसने हवा ली सूँघ
माथा चकराया—
'पंजे माँद की ओर धूल पर दीखे
पर कोई चिह्न नहीं कि जानवर उलटे लौटे,
लगता है यहाँ कुछ दाल में काला
बड़ा अजब यह पासपोर्ट वादे वाला!
सच है राजा सिंह दया के सागर
पर लौटे नहीं जानवर...मिले जो राजा से आकर।'

बहेलिया, बाज और भरत पक्षी (कर भला हो भला)

कभी होता जब घातक अन्याय
अपने हित खड़ा तर्क, दया का पर्याय,
यही दुनिया का नियम, नहीं कोई जुदा
यदि तुम चाहते मदद, दूसरों का करो भला।

एक बहेलिया दर्पण से शिकार पक्षी का करता था
और सीसे की चमक से छोटा पक्षी अन्धा था,
तभी एक बड़ा बाज आकाश में ऊपर
नीचे आया तुरन्त, खेल यह देख भयंकर।

पक्षी मौत के पास, पर कभी पलटे बाजी
नियति बदले नहीं, सामने मौत अभागी,
फिर पक्षी बना बाज का तुच्छ शिकार
पर बाज फँसा पिंजड़े में, कुदरत करती वार।

फिर बाज ने बहेलिए से की विनती–
'मुझे छोड़ो,
मैंने तुम्हारी शान में नहीं की कोई गलती।'
बहेलिया बोला—'क्यों नहीं कहूँ तुम्हें अत्याचारी
तुम्हारी शान में
उस छोटे पक्षी ने क्या कोई खता की?'

घोड़ा और गधा (पड़ोसी का दर्द, बड़ा बेदर्द)

ज़रूरी है हम एक-दूसरे की मदद करें
यदि पड़ोसी मरणासन्न उसे सहारा दें,
हर हाल में भार तुम्हारे ऊपर पड़ना
पहले मदद करो, या फिर कष्ट अधिक झेलना।

एक बार एक गधा और घोड़ा
मंज़िल पर थे, गधे पर वज़न लदा,
घोड़े पर केवल लगाम और काठी थी
पर गधा बोझ से लदा, अश्व से मदद माँगी,
बड़ी दीनता से गधे ने प्रार्थना की—
'यदि रहा भारी बोझ शहर तक, मैं बच नहीं सकता
मेरा ले लो आधा भार
तुम्हारे लिए हल्का-सा।'

पर घोड़ा था मगरूर उसने मखौल किया
बोला—'जल्दी आगे बढ़
व्यर्थ न बात बना।'

फिर दुर्भाग्य, गधा बोझ न सह पाया
धम्म से गिरा धरा पर, मौत का काला साया,
फिर घोड़े को ढोना पड़ा गधा और उसका बोझा
एक पड़ोसी की आफत से दूसरा बचा कहाँ।

कुत्ता और उसकी छाया (भ्रम और यथार्थ)

हर कोई यहाँ, देखो धोखा खाता
भ्रम के पीछे भाग फिर पछताता,
जाने कितनी बार हुआ कुछ पता नहीं
समय ही उत्तर देता इस मूर्खता का।

एक उदाहरण इसप की कथा से हम पाते
एक कुत्ता नदी किनारे,
जब देखा जल में उसने एक कुकुर भयंकर
सोचा—अरे, यह दुष्ट भागेगा मेरा निवाला छीनकर।
कुत्ते ने तुरन्त लगाई क्रोध में भर छलाँग
अपनी छाया को देने दंड, पर खुद अन्तर्धान,
नदी में उस दिन थी बाढ़ भयंकर
छूटा भोजन, मिली न छाया
कुकुर गया परलोक सिधर।

जवान विधवा (समय खुद एक दवा)

विधवा होने पर आँसू की लगे झड़ी
चाहे मिले तसल्ली बहुत, पर रुकती नहीं हिचकी,
दर्द की सबसे बड़ी दवा समय को माना
जब दुख विस्मृत हो, खुशी का भरे पैमाना।
कोई अभी विधवा हुई उसकी हालत
और सालों के बाद देखो पीछे मुड़कर,
बहुत भारी अन्तर दशा में हम पाते
विश्वास नहीं होता, दाँतों में उँगली दबाते,
पहले थी ग़मगीन शोक से पागल
अब खुशियों का इन्तज़ार, चेहरा खिला कमल,
हिचकी चाहे गहरी या उथली,
हम कहते हैं सुख मिथ्या और दुख अमर
पर वचन हमारा मिथ्या, समय देता कुछ और ही कर।
इस कविता में आता है एक उदाहरण
एक सुन्दरी का पति बीमार,
पत्नी बिलखी, बोली हाथ पकड़कर—
'मैं मरूँ तुम्हारे साथ, अब करना क्या जीकर।'
पर ज़माने का दस्तूर जैसा अक्सर होता है
वह अपने पथ पर चला सब छोड़ विकल,
विधवा का पिता ज्ञानी, गति का उसे पता
थोड़ी सान्त्वना दी फिर अकेला छोड़ा।
दर्द आँसू बनकर बहा, फिर कोर सूखते
वृद्ध पिता ने बेटी को कहा यूँ समझाके—
'बहुत बहे आँसू, बनाई दीन काया
मरने वाला नहीं तेरे आँसू पोंछेगा,
मैं नहीं कहता अभी बने तेरा कोई वर
पर समय सबसे बड़ा वैद्य, दर्द को लेता हर,
जब तू होगी स्वस्थ, तुझे वर मिलेगा
तेरे दुख दर्द आँसुओं को पोंछेगा।'
विधवा काँपी और तुरन्त दिया जवाब—

'मेरी किस्मत भग्न, बिना छत का मकान।'
फिर पिता ने उसे छोड़ा कि वह दुख भूले
इस तरह गुजरे दिन और महीने कितने,
अब वह पहले जैसी दुखी दिखे नहीं
बदले वस्त्र, केश और चमक प्रसाधन की,
दुख की केवल मन में थी अब परछाईं
प्रेम का अंकुर उगा सींचे पौधा कोई।
वह हँसे खेले और आशा की छवि उभरती
फिर यौवन उसका खिला, आँसू-धारा सूखी।
उसके पिता ने देखा बहुत हर्ष हुआ
कुछ कहा नहीं बेटी से, चुप रहा।
एक दिन लड़की बोली कुछ शर्माकर—
'कहाँ है नया वर?' पूछा सिर झुकाकर
'भूले क्या अपनी बात?
पिता तुम वादा कर।'

मादाम द मान्तेसपॉ (1640–1707)
फॉन्तैन ने सातवीं से ग्यारहवीं पुस्तक फ्रांस के राजा लुई चौदहवें की प्रेमिका मादाम द मान्तेसपॉ (1640–1707) को समर्पित की थी। मादाम द मान्तेसपॉ सामन्त लुई ऐरी द पारदिऑ द गोदरॉ (1640–1701) की पत्नी थी।

सातवीं पुस्तक

मादा बगुला (नकचढ़ी कन्या)

मैं यहाँ एक उदाहरण देता,
पता नहीं कब और कहाँ,
लम्बी टाँग वाली मादा बगुला
उसका गला सुतवाँ,
एक नदी के किनारे पर खड़ी
लम्बी और पैनी चोंच उसकी,
पानी स्वच्छ था और मौसम खिला-खिला
कार्प[1], ब्रोशे[2] मछलियाँ तैरती थीं वहाँ।

यदि वह चाहती आसानी से पेट भरती
असंख्य मछलियाँ किनारे पर भटकतीं,
पर उसने सोचा थोड़ा इन्तज़ार करूँ
शाही मछली बाहर आयें और थोड़ी भूख लगे
फिर भोजन चखूँ,
वह सेहत का ध्यान रखे जैसे एक सुन्दर नारी
समय पर भोजन करे
मीन-मेख-अल्पाहारी!

कुछ देर बाद उसकी भूख जगे
किनारे पर जाकर मछलियों को वह तके,
उसने देखा तॉश[3] मछली किनारे पर तैरतीं
उसे ये मछली भी तुच्छ लगीं।
'हूँ...ये तुच्छ मछली मेरे लिए' हिकारत से गर्दन झटके
वे मछली चखी नहीं, मादा बगुला थी सबसे हटके।

1, 2, 3. ला कार्प (La Carpe), ल ब्रोशे (Le Brochet), ला तॉश (La Tanche) और ल गूगॉ (Le Gougon) मीठे जल में पायी जाने वाली मछलियाँ हैं। ये खासकर यूरोप की ताजे पानी वाली नदियों में पायी जाती हैं। ये मछलियाँ खाने के रूप में बहुत अधिक प्रचलित नहीं हैं। यूरोप में अक्सर खाने के लिए प्रयुक्त मछलियाँ हैं—दोराद, बार, मरलू, मरलॉ, सोल, सॉमों आदि।

उसके बाद उसने देखी वहाँ गूगाॅ[1] मछली
थू...वह गूगाॅ चखेगी, क्या यह मज़ाक़ नहीं।
यदि स्वयं ईश्वर भी प्रार्थना करे
मेरी चोंच खुले नहीं इस तुच्छ मछली के लिए,
इस तरह चोंच खुली नहीं उसकी
सारी मछली गुजर गयीं, वह देखती रही।

सुबह से कुछ खाया नहीं, धरती पर पैर टिके
उसको फिर होश आया जब भूख आग बने,
फिर इधर-उधर भटकी मछली तलाश करीं
किनारे पर मछली अब रहीं नहीं,
फिर उसका मान मरा, गर्दन झुकी और कहा—
'मैं बहुत खुश, मुझे खाने को मिला एक घोंघा।'

पाठकों पर निर्णय छोड़ा रस लें कविता पढ़कर
यहाँ सुविधाभोगी इतराते पौदीने पर चढ़कर,
सामने जो आता तुच्छ लगे, दिखाते अपनी नफरत
मुँह बिचकाकर नजर फेरें, झूठी शान शाही फितरत।
श्रेष्ठ का इन्तज़ार, हाथ का गँवाते
और फिर यूँ मूर्ख बन, तुच्छ को अपनाते।
केवल इस जीव के लिए ही नहीं मैं उदाहरण देता
केन्द्र इसका मानव, अगली कविता में कहता।

---

1. ला कार्प (La Carpe), ल ब्रोशे (Le Brochet), ला तॉश (La Tanche) और ल गूगाॅ (Le Gougon) मीठे जल में पायी जाने वाली मछलियाँ हैं। ये खासकर यूरोप की ताजे पानी वाली नदियों में पायी जाती हैं। ये मछलियाँ खाने के रूप में बहुत अधिक प्रचलित नहीं हैं। यूरोप में अक्सर खाने के लिए प्रयुक्त मछलियाँ हैं—दोराद, बार, मरलू, मरलॉ, सोल, सॉमों आदि।

कन्या (नकचढ़ी कन्या की हिकारत)

ऐसा देखा गया,
कि एक कन्या नकचढ़ी
पति खोजने का संकल्प लेकर उठी,
हो युवा, सुन्दर-सज्जन, सर्वगुण सम्पन्न भारी
जवानी उसकी तपे पर जलन की ना हो बीमारी,
ऊँचा हो खानदान, शाही हो शानोशौकत
सारे गुण एक में क्या उसे जाते फिर मिल?

फिर समय दर्प बन कैसा खेल खेलता!
'हाँ', 'ना', 'यहाँ', 'वहाँ', समय हाथ से फिसलता,
कितने उसको मिले पर अपना सिर झटकती
सब उसे तुच्छ लगें जैसे पैर पर चिपकी मिट्टी,
'इन लोगों के लिए और मैं!'
यह कैसी हिमाकत लगती
हाथ पर लिए दिल, तुच्छ-हीन करें गलती।

कोई असभ्य लगे, किसी की नाक टेढ़ी
ऐसे-वैसे लगें लोग जिनसे नहीं बात बनी,
सपनों का राजकुमार अभी तक नहीं मिला
सातवें आसमान पर, सुन्दरी खाती खता,
अभी तक जवानी, नहीं उम्र का तकाजा
समय चाल चले अपनी
वह दरवाज़ा नहीं ठकठकाता।

जब उच्च-वर्ग का वर नहीं जमा
फिर क्रम मध्य वर्ग का दरवाज़े पर लगा,
जब उसने देखा दरवाज़े पर लोग सारे
बोली—'पशुओं से शादी!
ये ऐरे-गैरे नत्थू-खैरे,
और ये कीड़ों की तरह मेरे लिए भटकते

मुझे कोई दुख नहीं और
ऐसे लोगों के बिना, मेरी रातें सही कटें।'

न जाने कितने वर्ष गुजरे
यह कितनी बार खेल चला
कितने दीवानों का दिल मचला और टूट गया,
फिर समय उम्र बन सामने प्रकट होता
भटकते जो सारे प्रेमी, कहें उसे अलविदा,
जैसे उस सुन्दरी के दिल में कुछ टूट जाता
धीरे-धीरे समय गुजरा
अब एकान्त उसको सताता।

जवानी ढलने लगी, समय अपने चिह्न छोड़े
दिल में वह आग नहीं, डर की राख बिखरे,
झुर्रियाँ चेहरे की शृंगार से ढक जातीं
पर जब दिल हो रीता-बेजार
तब ख़ामोशी है सताती,
फिर एक दिन शृंगार भी काम नहीं आता
कोई पुराना घर नहीं कि रंग से खिल जाता।

फिर एक दिन दर्पण उस पर हँसा
'बुढ़ापा छाने लगा अब तो शादी रचा।'
गर्व और स्वप्न फिर टूटा बिखरकर
कभी उसने सोचा नहीं अपनी नियति पर।
सिर झुका उसने, स्वयं को धन्य कहा
जब उसे कहीं से
एक बूढ़ा अनगढ़ 'खूसट' मिला।

शेर का दरबार (राजदरबार की हक़ीक़त)

एक दिन जंगल के सम्राट सिंह ने सोचा
मैं जंगल का राजा, प्रभु की कृपा,
ज़रा पता लगे देश, राज्य, जनपद कितने ?
कितने जीव मेरे शासन में बसते ?

करा शाही फरमान तैयार, हस्ताक्षर, मुहर लगी
सबको मिले सन्देश कोई बचे नहीं,
दूर-दूर तक पहुँचाओ फरमान मेरा
अगले महीनों अमुक तारीख को जुड़ेगी महासभा।

फिर आया वह दिन, सारे सामन्त इकट्ठे
छोटे-बड़े नवाब-मन्त्री जनपद के
सब पहुँचे सिंह महल[1], अति शाही आवास
गुफा में पड़े कंकाल, कीट, बदबू का वास।

सिर गया चकरा, सब रुके सिहरकर
मुँह बिचकाता भालू नाक पर हाथ रखकर,
देखा सिंह ने क्रोध से बिखर गया
इसकी यह मजाल, मखौल मेरे महल पर!

तुरन्त जारी किया मौत का फरमान
भालू को मृत्युदंड, नहीं सहता अपमान,
इसके बाद सभा में उठी लहर ठंडी
काल का गाल भरा नहीं, बोल बैठा पाखंडी।

---

1. यहाँ मूल कविता में राजा सिंह की माँद को 'लूव्र महल' कहा गया है। पहले लूव्र महल फ्रांस के राजा का आधिकारिक शाही आवास था। पेरिस में स्थित इस महल का बाद में उपयोग संग्रहालय के रूप में किया जाने लगा। इस कविता में फॉन्तैन ने फ्रांस के राजा लुई चौदहवें के दरबार और उसके दरबारियों पर कटाक्ष किया था।

वह बन्दर था जो करता पुष्टि—
'सम्राट बड़े महान अद्भुत हस्ती,'
बन्दर चापलूस गिरगिट-सा रंग बदलकर
'आपके शाही पंजे, दन्त, गुफा'
रहा स्तुति कर।

सारे सुन्दर शब्द बन्दर ने बोले
जबरदस्ती कानों में मिश्री घोलें,
'ओ सम्राट! दिव्य खुशबू यहाँ रही बिखर
इसके आगे तुच्छ लोबान और पुष्प इतर।'

तिरछी नजर से सिंह ने बन्दर को देखा
'तू समझे मुझे मूर्ख, देता है धोखा,
सुन रहा हूँ छन्द तेरे और चापलूसी
झूठा तू मक्कार, कविता गुप्त व्यंग्य की।'

सिंह को पचे नहीं मधुर अलंकार
पंजा उठाकर उसने अपना दिया विचार—
'मिले इसे भी दंड, व्यंग्य का सिला'
सिंह बना स्वच्छन्द वंश हो कालिगुला।[1]

पास ही लोमड़ खड़ा, सिंह की टेढ़ी भृकुटि
सब जानवरों की गुम थी सिट्टी-पिट्टी,
फिर सिंह ने लोमड़ से पूछा—
'तूने क्या सूँघी गन्ध, मुझसे नहीं छिपा?'

---

1. प्रसिद्ध रोमन सम्राट गैयूस (12 ए.डी. से 41 ए.डी.) का उपनाम। प्रारम्भ के कुछ महीने उसने शान्ति से शासन किया था। बाद में उसको हठधर्मी, रक्तपिपासु, निरंकुश शासक के रूप में कुख्याति मिली। समझा जाता है कि उसने राजा में सारी शक्तियों को केन्द्रित करने का प्रयास किया तथा सीनेट की अवहेलना की। गैयूस प्रथम रोमन सम्राट था जिसकी एक षड्यन्त्र के तहत हत्या कर दी गयी। कालीगुला, रोमन जनरल और राजनीतिज्ञ जूलियस सीजर (100 बी.सी.-44 बी.सी.) से अलग है, हालाँकि जूलियस सीजर की भी हत्या की गयी थी।

जैसे उसे जुकाम, गन्ध से बेखबर
लोमड़ बोला बड़ा संजीदा होकर,
'किसी तरह की गन्ध नहीं यहाँ'
लोमड़ के उत्तर में कथा का सार छिपा।

यह ऐसा साम्राज्य सत्य को दंड भयंकर
चापलूस और हीन लात खाते डरकर,
राजा के पास बैठे 'हाँ' में 'हाँ' मिलाने वाले
जो राजा सुनना चाहे, मुख से वचन निकालें।

बग्घी और मक्खी (बिना बुलाये सलाहकार)

एक दुर्गम पहाड़ी मार्ग बड़ा भयंकर
पत्थर धूल से अटा, चलना था दूभर,
सूरज चमक रहा था, तमस बड़ी
छह घोड़े जुती शाही बग्घी गुजरी
देखें बच्चे, बूढ़े, नर-नार
बड़ी हैरत थी!

घोड़े थे प्रचंड हवा से बातें करते
तेज मारें टाप, फैन मुख से झरते,
एक मक्खी की नज़र पड़ी, दौड़कर आती
घोड़ों को मारे डंक, कान पर भिन्नाती
वह महारथी बनी,
फूली नहीं समाती।

इधर-उधर वह उड़े जैसे बनी नियंत्रक
घोड़ों को मारे लात, कान पर प्रेरणा के स्वर,
कभी चुभाये डंक, कभी गति वह नापे
जैसे सेना का एक नायक एक टुकड़ी पा के
सैनिकों में भरता ओज
विजय का डंका बाजे।

मक्खी समझे स्वयं बनी वह कर्ता-धर्ता
मेरे कारण घोड़े दौड़ें, रथ का घूमा चक्का,
जनता की जयकार, साधु की प्रार्थना उसपर
एक औरत गाती गीत, मक्खी सुने कान लगाकर,
औरत के गीतों में यश
फिर मक्खी भी कानों में गाती प्रेरणा के स्वर।

यात्रा समाप्त हुई फिर रथ रुका
'घोड़ो सुस्ता लो' मक्खी ने कहा,

फिर मक्खी आगे बढ़ी सीना ताने
और बोली—'मैंने सब कुछ किया हम पहुँचे मंज़िल पर,
घोड़ो, दो मेरा पुरस्कार
मैं असली रायबहादुर।'

ऐसे जाने कितने लोग बीच में टाँग अड़ाते
अपना महत्त्व जताने सारे जुगत लगाते,
भागे इधर-उधर काम से सींग खुजाकर
ये बिना बुलाये सलाहकार, कान पर भिन्नाकर।

ग्वालिन और दूध की मटकी (सपनों का महल)

एक ग्वालिन चली हँसी-खुशी
सिर पर टिकाये दूधभरी मटकी,
घर से बाहर आयी सधे क़दमों से
हाट में उसे पहुँचना था जल्दी।

मौसम खुला-खुला पहनी लहँगा-चोली
सादा जूते, नहीं सजावट तन पर की,
उसकी चुनरी उड़ती थी हवा में फर-फर
ऐसे ही उसके मन में सपनों की आँधी उठती।

सोचने लगी—
दूध बेचकर खरीदेगी अंडे
फिर उससे निकलेंगे चूजे,
यदि लोमड़ की शरारत नहीं
मुर्गी महँगी बिके, वह सूकर खरीदे।

फिर जब सूकर होंगे मोटे भारी
हाट में बेच, थैली भरेगी मेरी,
फिर बनाऊँ बछड़ों और गाय की रेवड़
चरवाहे को डाँटूँ, बन रेवड़ की अधिकारी।

इसी धुन में ग्वालिन गयी फिसल
मटकी फूट गयी, बची ना एक बूँद फिर,
अंडा, मुर्गी और सूकर भारी
गाय, बछड़ा, रेवड़, स्वप्न गये सिधर।

इस तरह ग्वालिन जब पहुँची घर
खतरा भारी था, पति से पिटकर,

पति माफ करे, मटकी फूटी
सपने चकनाचूर, यूँ छिटककर।

हर कोई होना चाहता धरा का स्वामी
स्पेन में महल, ख़ज़ाने की चाबी,
चाहे बुद्धिमान या मूर्ख इससे नहीं उबरते
वे शाह का ताज[1] पहनकर खुश होते,
फिर सपनों के महल में गूँजे जयकारा
सारी जनता का प्रेम, मुझे सुल्तान चुना।
पर सपनों का महल हवा में कहाँ ठहरता
होता चकनाचूर धरा पर जब गिरता।
जैसे—
ग्वालिन बनी रेवड़ की स्वामी
और ग्वाला पेरिस का सामन्त
तोप की मिले सलामी।

1. ईरान के बादशाह का ताज।

सर्प का सिर और पूँछ (अन्धों की सरकार)

सर्प की रचना दो भागों की
सिर एक ताज और पूँछ अभागी,
बिल्कुल मानव जैसी नियति
सिर्फ़ कुछ आँखों वाले नेता
बाकी भीड़ पुराने जूतों की।

कलह कभी मिटे नहीं दोनों लड़ते
नेतृत्व किसको मिले ? ऊँचे दावे करते,
सिर बहुमत में, पूँछ पीछे खिचड़ती
इस नियति से परेशान-पस्त,
ईश्वर से करती विनती—

'मैं ज्यादा घेरूँ स्थान बनी आज्ञा की पालक
जब सिर चाहे, करती हूँ मैं उठा-बैठक,
सिर की आज्ञा और हमेशा मैं नतमस्तक
मैं बनी तुच्छ दासी, दासता सहूँ कब तक ?
उसके जैसा ज़हर मेरी नसों में बहता[1]
प्रभु तुम्हारी आज्ञा बिन पत्ता नहीं हिलता,
आज्ञा दो अब मैं फहरा दूँ झंडा
मेरी ताजपोशी हो और बाजे मेरा डंका।

इसके अलावा नहीं चाहिए कोई तोहफा
कि नेता बनूँ, मुझे मिले बस एक मौका,
सत्ता मैं सँभालूँ और सबको दूँ दिखा
नहीं मौका दूँगी किसी को शिकायत का।

---

1. पहले समझा जाता था कि विष सर्प के सम्पूर्ण शरीर में बहता है और खासतौर पर उसकी पूँछ में विष का स्थान सुरक्षित है, जैसे बिच्छू अपने पिछले भाग में ज़हर रखता है।

प्रभु ने सुनी शिकायत, ताजपोशी दी कर
सबकुछ था अजीब, दाता की आफत,
पूँछ नेता बनी, प्रभुकृपा की छाया
इस कृपा का प्रकोप, फिर सामने आया।

पूँछ अँधेरे में देखना चाहती सूरज
जैसे बुझे तन्दूर में किरणें रहीं बिखर,
पूँछ वृक्ष, पत्थर से सिर मार देखना चाहती पथ
अपनी बहन की तरह चाहती पूरी सियासत,
यह अन्धों की सरकार
बनी एक साझा विरासत।

आँख हीन पूँछ ने सिर नरक नदी में खींचा
दाता की खुली आँख, नतीजा यह गलती का।

आठवीं पुस्तक

मोची और वित्त अधिकारी (मुद्रा और निद्रा)

एक मोची मस्त, सुबह से साँझ तक गाता था
कितना सुखद लगे, वह मन को भाता था,
मधुर गीत उसके, ज़िन्दगी रही गुजर
सात ज्ञानियों[1] से ज्यादा सुखी, दुख ना रहे विचर।

पर इसके विपरीत उसका शाह पड़ोसी
धनधान्य से पूर्ण मुद्रा की नहीं कोई गिनती,
मुश्किल से गाता, बहुत कम सो पाता
वित्त अधिकारी का धन्धा ही ऐसा था!

और प्रात: जब अधिकारी झपकी लेता
नींद भागे दूर मोची के स्वर सुनता,
अधिकारी धनवान, प्रभु से करता विनती
पर नहीं भोजन-मदिरा की तरह, निद्रा मुद्रा से मिलती।

फिर एक दिन अधिकारी ने मोची को बुलाया
वर्ष में कितना कमाये? पूछना उससे चाहा,
मोची बोला—'वर्ष की किसे है चिन्ता
मैं कुआँ खोदूँ रोज और पानी पी लेता।'

फिर मोची ने पूछा—'ओ शाह बड़े
दिन में क्या कमाते, क्या हिसाब रहे?'
शाह बोला—'कुछ निश्चित यहाँ नहीं होता
कभी एक सिक्का नहीं, कभी धन वर्षा-सा गिरता।'

'वर्ष में बहुत से दिन और अवसर होते
सब जोड़-गाँठ करके हम टैक्स उघाते,

---

1. प्राचीन ग्रीक के सात विख्यात विद्वान—थेल्स, बियास, सोलन, चिलॉन, अनेचारी, पिताकॉस और किलिओबुलॅस।

पर कभी छुट्टी मौज और मस्ती
दिन पड़ जाते कम, वित्त की रेखा गिरती।

इस गणित को समझ मोची बोला—
'हाँ महाशय, यह तो तुमने सही कहा,
सन्त-पादरी का मजबूत गणित, हिसाब वह लगायें
और वर्ष में छुट्टी, वे बढ़ाते जायें।

अधिकारी हँसा मोची के सादेपन पर
फिर सौ अशर्फी दीं उसे खुश होकर,
बोला—'जब ज़रूरत पड़े खर्च कर देना
अच्छी तरह सुरक्षा करो, कोई चोर छुये ना।'

इससे पहले मोची ने धन नहीं देखा था
लगा सदियों का कोष उसकी झोली में सिमटा,
घर वापस आया और खोला तहखाना
थैली दी छिपा, पर धन से ध्यान हटे ना।

पर इसके बाद होता देखो परिवर्तन
मोची भूला गीत मधुरता सादे क्षण,
अब दिन-रात थैली आँखों में रहती
यदि बिल्ली करे आवाज़,
चोर की छाया लगती।

समय, सन्देह, भय उसपर हावी होता
वह चिन्ता में घुले, नींद-शान्ति खोता,
फिर तुरन्त थैली उसने शाह को दी वापस
जिसे अपने गीतों से जगाता था कभी
फिर वापस माँगे गीत-नींद, जो रखे गिरवी।

शेर, भेड़िया और लोमड़ (षड्यन्त्र)

एक शेर वृद्ध, लाचार, उम्र का तकाजा
सोचे—रामबाण दवा मिले उम्र को दूँ थका,
किसी की हिम्मत नहीं कि शेर को बता सके
कि बुढ़ापे की दवा नहीं और मौत से कोई नहीं जुदा।

सारे जीव सलाहकार छोटे-बड़े दरबारी
वैद्य खोजते थे जिसे चिकित्सा का ज्ञान भारी,
चारों दिशा, दूर से झोलाछाप, बड़े वैद्य
दवा-दारू, रस-काढ़ा पर मिटे नहीं बीमारी।

सभी वहाँ जुटे थे दिखाते अपनी चिन्ता
सिंह के इर्द-गिर्द मौत से माँगे भिक्षा,
लोमड़ दूर था इस भीड़ में मिला नहीं
भेड़िये को अवसर मिला, हाथ उसने दिये दिखा—

'लोमड़ अपनी गुफा में राजन आराम करता
राजा विश्राम करे, आपसे वह रूठा,
उसकी खोह में धुआँ करें, दम घुटे बाहर निकले।'
पर सिंह ने फरमान यूँ जारी किया—
'लोमड़ हाजिर हो, ना बिल्कुल देर लगा।'

लोमड़ समझ गया भेड़िये की हिमाकत
तुरन्त हाजिर हुआ चेहरा ले लाचार फकत,
बोला—'राजन मैं यहाँ नहीं था, आपके कान भरे,
आपकी बीमारी मेरे स्वप्न में करती शिरकत
मैं तीर्थ पर निकला था, खोजने कोई बड़ी शिफ्त।'

'बड़े लोगों से मिला हकीम, मुनि, वैद्य, ज्ञानी
अरबी, आयुर्वेद, अंग्रेज़ी, यूनानी

सबसे बात करीं और लिया मशविरा
आपके बदन में विकट ठंड, पर दवा नहीं अनजानी।'

लोमड़ सरका शेर के पास, दवा चाहे बताना
जैसे कारूँ का ख़ज़ाना गुप्त, चाहे उसे दिखाना,
बोला—'भेड़िये की नरम खाल ठंड में बड़ी मुफीद
बीमारी हो दूर, और यौवन रहे नहीं बेगाना।'

'और हाँ, भेड़िया भी बड़ा बलिदानी
राजा के लिए दे सकता छोटी-मोटी कुर्बानी,
राजन खाल का उचित नाप लेना ज़रूरी
फिर बीमारी हो दूर, फूल-सी खिले जवानी।'

शेर की आशा का एकदम चेहरा खिला
भेड़िये की खाल खिंचे, शाही आदेश दिया,
भेड़िये को चुगली का मिला तुरन्त फल
तीन टुकड़े भेड़िये के, राजा का अंगवस्त्र सिला।

दरबारी महोदय, छोटे-बड़े ओ महान्!
बन्द करो तलवा-चाटी, चुगली का नंगा अभियान,
ईर्ष्या, षडयन्त्र, जहरीले करील-काँटे
यहाँ कुछ भी माफ नहीं, मौत का आह्वान।

औरत और राज (मर्द या औरत)

राज है एक भार, औरतें सँभाल नहीं सकतीं
झट से फेंकें दूर, बहुत करती हैं जल्दी,
अपने आस-पास देखता बहुत से सज्जन
मर्दों के भेष में, औरतों की सी गलती।

एक आदमी ने सिद्ध करने की सोची
करूँ खुद पर प्रयोग और प्रमाणित भी,
एक रात जब दोनों साथ सोते थे
पति कराहा—'उफ, मेरी जान निकली!
यह कैसा दर्द उठे!!'
'अरे, यह है अंडा, देखो! मेरे पेट से निकला।'
पत्नी ने अंडा देखा बिल्कुल ताजा था
पति बोला—'तुम खाओ कसम भेद किसी से नहीं खुले
वरना सब मुर्गी कहें, इज़्ज़त धूल में मिले।'

पत्नी ने खाई कसम, कभी ना भेद खुलेगा
रात गयी बीत, कसम थी धुआँ कपूर का,
राज का भारी भार फिर सहन नहीं होता
आदत से लाचार, बोझ पड़ोसन पर दे पटका।

औरत बोली—
'एक राज बताऊँ मेरी सहेली,
रात उन्होंने एक बड़ा अंडा दिया
चार अंडे जैसा बड़ा, बहुत दर्द सहा
देखो, कहना नहीं किसी से,
नहीं तो मारे लात और मुक्का।'

उस बातूनी औरत ने तुरन्त कर दी पुष्टि
जैसा अक्सर होता, औरतें कहतीं—

‘तुम तो जानती हो, नहीं करती इधर–उधर की
बात मेरे पेट में रहे, ना निकले कभी।’

फिर उस औरत के उठा पेट में दर्द भयंकर
हाजमा था कमजोर, कसम गयी बिखर,
उसने दस जगह कहा जो ‘सच’ घटा
कि अंडे दिये तीन, दी नमक–मिर्च लगा।

इस तरह एक बात बन गयी कानाफूसी
गली–मुहल्ले हाट तक पहुँची ख्याति,
एक की जगह सौ तक पहुँची संख्या
नवाब साहब को बेगम ने मुर्गी दिया बना
इस तरह उनकी इ़ज़्ज़त में चार चाँद दिये लगा।

मसखरा और मछलियाँ (मसखरे की मजम्मत)

बहुत से लोग मसखरे खोजें
और उनके साथ तफरीह कर आनन्द उठाते
पर मैं बचता
पर इस कला में भी एक तत्त्व छिपा,
ईश्वर ने इसलिए रचे नहीं बहुत से शब्द सुन्दर
कि इनसे खेलें मूर्ख, पैरों पर मारें कुल्हाड़ी
और ज़हर फिर जाये बिखर,
फिर शब्दों के बाण चुभें काँटे से
और सारहीन वचन भद्दी मूर्खता के।

इसी तरह की एक घटना याद मुझे
मूर्खता हुई पस्त
और मूर्ख के पंख कटे।
एक मसखरा आमन्त्रित था
वहाँ भोज बड़ा
कोने में गुमसुम-सा बैठा
आम लोगों से घिरा,
इस महाभोज का आयोजक था एक वित्त अधिकारी
वह उच्च वर्ग से घिरा, मसखरे की लाचारी।

फिर मूर्ख ने सृजन किया तुरन्त एक मूर्खता का
वह छोटी मछलियों को उठाता,
बन धीर-गम्भीर, मछलियों को मुँह तक लाकर
उनके कान में कुछ बुदबुदाता,
फिर उन्हें अलग थाल में रखकर
मछली जवाब दे वह करे प्रतीक्षा
सब चकराये यह क्या गुल रहा खिला!

फिर उसका यूँ गम्भीर हुआ चेहरा
बातों का उसने यूँ छोर बुना—

'मुझे चिन्ता रात-दिन रहे, मेरा एक खास सखा
बहुत पहले अमेरिका की यात्रा पर निकल गया था,
उठा वहाँ तूफान, मुझे दुख है भारी
उस दोस्त की मुझे कोई ख़बर नहीं,
कितने नाविक, यात्रियों से मैंने पूछा
क्या गुजरी दोस्त के साथ?
मुझे वे दें बता।
पर सब अज्ञानी जैसे एक छोटी मछली।
और सबने यही कहा—
'जानकारी के लिए मिलो, अनुभवी होती हैं बड़ी मछली।'

'छोटी मछली मूर्ख
आप महानुभाव अनुभवी
कृपा कर मुझे बतायें, मेरे दोस्त की नियति।'
मुझे नहीं लगता इस ठिठोली पर कोई हँसा
सबको अचरज हुआ ख़ूब मज़ाक़ बना।
एक वृद्ध अनुभवी सज्जन ने ख़ूब करी मजम्मत
काल, यात्री, यात्रा, मछली का
खोला लेखा-जोखा फिर
कि कितने श्याने आये सागर में गये बिखर।
जोकर खींस निपोरे अब नजर बचा,
उसे पता नहीं था,
बड़ी मछलियों के अनुभव का।

दो दोस्त (दुर्लभ मित्रता)

किसी समय की बात एक सभ्यता का शहर था
नामी मोनोमोताप[1] सभ्यता
जो अब दुर्भाग्य से गयी बिखर,
दो सच्चे दोस्त वहाँ पर रहते थे
ऐसी मित्रता अपने यहाँ मिले नहीं
आत्मा एक थी, सिर्फ शरीर अलग थे।

एक दिन जब साँझ ढली
सूरज डूबा, रात नीचे उतरी
सब अपने घरों में सोते थे
पर नींद से कोसों दूर
एक दोस्त करवट बदले।

वह भागा अपने दोस्त के घर
मित्र नींद के आगोश में था
जगाये नौकर-चाकर
दोस्त हड़बड़ाकर उठा
सँभाले थैली और खंजर,
और बोला—'यह क्या तूने हाल बनाया ?
हुआ ऐसा क्या ? सोते से मुझे जगाया
क्या जुए में तूने सारा असबाब गँवाया ?
या नींद में चलने का यह रोग लगाया ?

तुझे यदि चाहिए धन
भरी है मेरी थैली
बोल यदि किसी से भय
धार चमके खंजर की।'

---

1. मध्यकाल में अफ्रीका की एक सल्तनत। बाद में जिसका अन्य सभ्यताओं की तरह पतन हो गया था। यह सभ्यता उस भूभाग में फैली थी जहाँ आज मोजाम्बिक और जिम्बाम्बे हैं।

दूसरा मित्र बोला—
'ऐसा कुछ हुआ नहीं, ओ दोस्त मेरे,
तेरे प्रेम के लिए हज़ारों शुक्रिया,
जब मैं सोता था एक स्वप्न-सा देखा
उसमें तेरी दुखद छवि
फिर मैं सो नहीं सका,
मुझे बहुत हुआ दुख, सन्ताप विकट
देखने आया, कहीं स्वप्न सच तो नहीं
और दोस्त पर आया संकट।'

पाठको! एक सच्चा दोस्त जैसे अमर ख़ज़ाना
बड़ी मुश्किल है ऐसे बन्धन को समझाना,
दोनों में कैसा प्रेमभाव और समझदारी
होता एक को दुख, दूसरा करता तैयारी,
यदि स्वप्न में भी दोस्त को दुखी पाता
दूसरा पलक झपके नहीं, मदद करनी चाहता।

चूहा और हाथी (मध्यम वर्ग की व्यथा)

करना बहुत गर्व और अपना महिमामंडन
अपने कालर खड़े हमेशा मध्यवर्गी क्रन्दन,
यह अक्सर फ्रांस में पाया जाता
एक 'फ्रेंच रोग' हर जगह नजर आता।

यूँ तो स्पेन भी इस बीमारी से नहीं अछूता
लेकिन उनका तरीका कुछ अलग अनूठा,
वे इसी गर्व में मस्त झक्की पगलाते
पर हम इससे अच्छे बेहूदे बन जाते।

अब मैं इसी वर्ग का यहाँ बखान करूँ
कितनी बिखरीं कथा और उनके अजब मुकाम!
पर एक कथा से मैं यहाँ उदाहरण दूँ।

एक दिन एक चूहे ने एक हाथी देखा
हाथी पर वह हँसा—यह शाही खानदान का बोझ
इतना मन्दा चलता।
उस हाथी पर सजी थी, बड़ी-सी सुन्दर अंबारी
जिस पर बैठी दूर देश की शहज़ादी,
और हाथी पर उसका कुत्ता, बन्दर, बिल्ली
तोता, दासी, छोटा-मोटा सामान सभी।
वे निकले थे दूर एक यात्रा पर
चूहा मुँह में उँगली दबाये
'लोग क्यों रहे उमड़!'
अच्छा, तो ये हाथी को देख रहे
जितना बड़ा कोई उतना सम्मान मिले,
यानी क़द और आकार आँखों को भाषा देता
जैसा जिसका क़द उतनी इज़्ज़त लेता।

चूहा हुआ क्रुद्ध और जनता से पूछे—
'क्यों यही अनोखा बोझ इज़्ज़त का पात्र बने?
यहाँ बच्चों को डराने, भय करने के हित
मैं भी तो बिल्कुल ऐसा हूँ, बस कुछ छोटा
पर ज्ञान के वरदान सहित।'

तभी सत्य से अचानक उठा पर्दा
बिल्ली वहाँ आयी चूहे को पकड़ लिया,
चूहा चूँ-चूँ करे पर बिल्ली ने लिया पचा
क्योंकि
वह एक छोटा चूहा, नहीं एक हाथी था।

तूफानी नदी और शान्त नदी (चुपमार)

एक तूफानी जलधारा शोर मचाती
पर्वत से नीचे गिरे फेन से भर जाती,
सबकुछ तितर-बितर उसकी लहरों के आगे
डर से जैसे जंगल और बस्ती काँपे
किसी पथिक में साहस नहीं, इन लहरों को नापे।

एक यात्री जिसने देखा चोरों का दल
कैसे इनसे बचे, काँपता थर-थर,
खड़ा किनारे पर जहाँ धारा बहती
धारा भय करे पर नहीं गहरी थी
लेकिन यात्री भयभीत, सरिता ही ऐसी थी।

चोर हमेशा करते थे उसका पीछा
धारा के साथ खुश, सामने नदी को देखा,
स्वच्छ किनारा, बालू नहीं लहरों का तूफान
कुछ उसे आशा बन्धी धन्य हो भगवान!
गहरी नदी होती शान्त, इससे था अनजान।

सोचा नदी पार करूँ चोरों से जान बचे
घोड़े को लगाई ऐड़ नदी में जाके,
वह चोरों से बचा, भँवर से बच नहीं पाया
मुँह में पानी भरा, घोड़े ने चक्कर खाया
नदी दोनों को गयी निगल, असली रूप दिखाया।

मानव पर भी लागू हो सकता यह उदाहरण
बड़बोले गाल बजायें, शान्त जाएँ निगल,
उथले बोलें तेज दें अपना क्रोध निकाल
शान्त होते चुपमार, लेते नहीं डकार।

नौवीं पुस्तक

दो कबूतर (अन्धी दौड़)[1]

कहीं एक कबूतर का जोड़ा रहता था
दोनों में गहरा प्रेम
सम्बन्ध में घुली मधुरता,
एक कबूतर ऊबा, 'हर दिन यही कहानी
निकलूँ यहाँ से दूर,
फिर बदले हवा पानी।'
दूसरा कबूतर बोला—
'लेकिन लड़कपन और यह यात्रा लम्बी
क्यों मुझे छोड़ना चाहते हो?
इरादा सही नहीं।
यात्रा में खतरा गहरा, लोग सही कहें
ना ज़िद करो, साथ-साथ रहें,
देखो, मौसम भी अभी इज़ाजत नहीं देता
वसन्त का इन्तज़ार करो, सुखद हवा का झोंका।
आखिर क्यों उतावलापन और ज़िद तेरी
नहीं सुने काक के स्वर?
दुर्घटना कहीं घटी।
देखो, यात्रा नहीं हमेशा सुन्दर स्वप्न
इसमें बाज, जाल, वर्षा का होता दर्शन,
मेरे भाई क्या वहाँ तुम्हें सबकुछ मिलेगा?
भोजन, पानी, बिस्तर, हाथ भरा ममता का।'

जब सुनी अल्हड़ ने सलाह चेहरा गया उतर
पर दिल में सोच लिया था
और यात्रा का नशा करता घर।
बोला—'दिल पर न लो दर्द, फिजूल यह रोना
सिर्फ़ तीन दिन में मुझे वापस होना,

---

1. कविता के उत्तरार्ध को सम्पादित किया गया है।

जब लौटूँगा मेरे पास अजब कहानी होगी
रोमांच की पिटारी तुम्हारे लिए खुलेगी।
जो यात्रा में गुज़रे, मैं याद रखूँगा
और बड़े मज़े से तुमसे आकर कहूँगा,
लगे तुम्हें सजीव
जैसे तुमने करी यात्रा
तुम्हारा भय होगा दूर, दिमागं खायेगा पलटा।'

इन शब्दों के साथ विदाई का समय आया
आँखों में आँसू भर,
विदा का हाथ हिलाया।
जैसे ही कबूतर उड़ा
चला तेज तूफान
वह इससे बचने के लिए, वृक्ष में जा छिपा।
बड़ा भारी तूफान, वर्षा, तेज हवा
वृक्ष दिया झकझोर कबूतर पूरा भीगा।
जब हवा हुई शान्त
वृक्ष से नीचे आया
पंख फड़फड़ाकर उसने बदन सुखाया।

उसने कुछ दूर पर देखे गेहूँ के दाने
कबूतर उनपर लपका ओ चुग्गा खाने,
पर हतभाग्य, यहाँ एक जाल बिछा था
बुरा वक्त शुरू
जाल में उलझ गया था,
फड़फड़ाया, खूब पंजे, चोंच चलाता
पूरी कोशिश कर मौत से टक्कर लेता,
फिर आखिर में जाल से मुक्त हो पाया
कुछ टूटे पंख, घाव और थका हुआ,
और धागा पंजे में लटक रहा था।
तभी दूर से एक चील ने उसको देखा
इस तरह आफत का पैमाना नहीं खाली
पहले जैसी उड़ान नहीं, यह जाल का टुकड़ा
कैसे बचूँ मौत से, एक बड़ा प्रश्न था।
तभी एक बाज नभ में मँडराया

चील पर झपटा तेज
चील को दौड़ाया।
इन दुष्टों की जब कलह मची
कबूतर उड़ा तेज, जितना कभी उड़ा नहीं।
कबूतर घायल था, साहस टूटा
फिर दीवार से टकराया और
नीचे गिरा हताश घायल
दुर्दिन छाया।
अन्धा, घायल, हीन उसे शोक बड़ा था
अन्धी खोज के लिए, अन्धा युद्ध लड़ा।
यह कैसा लड़कपन और जवानी का मद
रोमांच खोजने वाला
अब पड़ा धरा पर।
इस तरह यह कबूतर वापस आया
रोमांचक किस्सा भाई को सुना नहीं पाया,
बहुत दिनों के बाद जब हुई हालत बेहतर
अतीत याद करे रोता सुबक-सुबक कर।

भाई, प्रेमी, प्रिया को छोड़
इधर-उधर दौड़ोगे?
क्या एक-दूसरे के साथ नयापन नहीं खोजोगे,
अन्धी दौड़ का रोमांच, इधर-उधर भटककर
नयनों में झाँको
देखो दुनिया खुलकर,
धन असबाब और जुगुप्सा से भटका
यह प्रेम है जो मुझे यूँ रोकेगा।

ज्ञान बेचने वाला मूर्ख (मूर्ख और महामूर्ख)

कभी नहीं मूर्खों के चंगुल में आना
मैं देता एक सलाह इसे नहीं भुलाना,
इससे अच्छी सलाह कोई हो नहीं सकती
इनसे भागो दूर, क्योंकि
मूर्ख के कारण प्रलय भी मच सकती।

अक्सर देखा गया दरबार के अन्दर
राजकुमार भी हँसते मूर्ख की बातें सुनकर,
वे हँसी-ठिठोली, मक्कारी से मन बहलाते
व्यंग्य करते, राजा के प्रिय कहलाते।

एक बार चिल्ला रहा था मूर्ख गला फाड़कर
ज्ञान बिकाऊ है कुन्दन-सा, देखो आकर,
जनता बनी मूर्ख दौड़कर उस तक आती
सब थे चकित, सीमा नहीं प्रसन्नता की।

सबने उसे धन दिया ज्ञान खरीदा
एक बहुत लम्बा धागा और खाली डिब्बा,
अब इसका क्या करें! हुए क्रोधित शर्मिंदा
हुई फजीहत पर जबरदस्ती हँसना पड़ता।

सब वापस लौटे मुँह फुलाकर
मुँह से न निकले शब्द, जैसे साँप गया सूँघकर,
मुँह लटकाये हाथ में डिब्बा और धागा
अब मूर्ख और ज्ञानी रहे दिमाग़ लगा।

अब धागा और डिब्बा बनी पहेली
क्या यह संयोग था या धूर्त की ठिठोली,
एक सज्जन ने पहेली हल करने की ठानी
गया विद्वान के पास, सुनाई यह अजब कहानी।

सयाने ने उत्तर दिया, ना देर लगाई
मूर्ख ने ज्ञान की तुम्हें पहचान कराई,
यह लम्बा धागा भी कुछ कह जाता
मूर्खों से धागे भर रहो दूर
ना उनका बनो तमाशा।

इसके साथ ही खाली डिब्बा एक खाली दिमाग़
मूर्ख ने तुम्हें दिया, किया नहीं कोई अपराध,
कुछ समझने के लिए प्रश्न यह जगाता
यदि तर्क नहीं, दिमाग़ खाली रह जाता।

सीपी और वादी (न्यायतन्त्र)

दो यात्रियों को दरिया के किनारे
लहरों से बहकर आयी
एक सीप दिखी।
दोनों चाहते थे उसे खाना
इसी को लेकर गदर मचा।
एक उठाने को झुके
दूसरा उसे ठेले, देखते हैं कौन चखे!!!
जिसने पहले देखा था वही चखेगा
दूसरा खड़ा-खड़ा मुँह तकेगा।
एक बोला—
'यहीं से मुझे सीपी दिखी।'
दूसरा बोला—
'मेरी आँखें तुमसे पैनी, कृपा ईश्वर की।'
पहला बोला—'नहीं-नहीं, मैंने ही इसे पहले देखा।'
दूसरा बोला—'अच्छा, लेकिन मैंने तो इसकी खुशबू को
सुदूर पवन में सूँघा।'
तभी इस मधुर कलरव के बीच
श्रीमान न्यायाधीश प्रकट हुए
दोनों ने उन्हें न्यायाधीश चुना
न्यायमूर्ति ने दिखाई गम्भीरता
जैसा कि अक्सर होता
सीपी को खोला
वह स्वाद से खाते
और दोनों वादी खड़े-खड़े बगल झाँकते।
फिर न्यायाधीश ने गम्भीरता से शब्द बोले तोलकर
कि 'अदालत तुम्हें देती है सीपी खोलकर,
बिना किसी खर्च के, सीपी का टुकड़ा थामो
शान्ति से घर जाओ, झगड़ा भूलकर।'

ऐसा होता न्याय, मुकद्दमों का सिला
कितनों के पास कुछ नहीं रहा,
न्याय तन्त्र इससे धन खूब कमाता
और खाली थैला, टोकन, फाइल,
मूर्खों को थमाता।

मोमबत्ती (अपना-अपना पथ)

कहा गया है, मधुमक्खी स्वर्ग की वासी थी
फिर हिमेतस[1] पर्वत पर उतरी
और रहने लगी धरा पर।
फिर बुने अपने छत्ते, वहाँ मधुर सुखद हवा थी।
जब मानव ने इनके छत्तों को देखा
उनके घर से मधु का हरण किया
मोम के खाली घर बचे रहे
इनसे दिये, मोमबत्ती बने, प्रकाश खिले।
फिर एक ने देखा कि,
मिट्टी, ईंट में बदले बदन जलाकर
आग से बने फौलादी वह शक्ति पाकर
इस तरह इच्छा अमरता की वहाँ पली
मोमबत्ती भी बनने चली शक्तिशाली।
मोम आग में जला, फिर प्रकाश, पानी-सा गया बिखर
तुलना एम्पीडोक्लस[2] से की, जो जला निडर।

सबका अलग पथ और अलग बुद्धि
खुद विवेक से रास्ता चुनो,
करो ना अन्धीभक्ति।

---

1. यूनान में एक पर्वत जो एथेंस के दक्षिण-पूर्व में है।
2. एक प्राचीन ग्रीक दार्शनिक जिसने स्वयं को सिसली के माउंट ऐलना ज्वालामुखी में झोंक दिया था। इस दार्शनिक का मत था कि वह अमर है और अग्नि से शुद्ध होकर देवता के रूप में लौटेगा। एम्पीडोक्लस के अनुसार, संसार चार चीजों से बना है और ये हैं—अग्नि, जल, वायु और पृथ्वी। इस दार्शनिक के एक अन्य सिद्धान्त के अनुसार—प्रेम और संघर्ष के माध्यम से 'सद्भावना' और 'अलगाव' को समझा जा सकता है।

बिल्ली और लोमड़ (एक सही युक्ति समय पर)

एक बिल्ली और लोमड़ जैसे दो सन्त भले
पुण्य कमाने तीर्थयात्रा पर चले,
पर दोनों ही पाखंडी और धोखेबाज
एक ही नौका के दो बड़े सवार,
लज्जाहीन, गद्दार और धूर्त
खाया पनीर और पक्षियों का करा शिकार,
दोनों घातक नकाब से ढके
जैसे सौ चूहे मार बिल्ली हज करे।

रास्ता लम्बा और बहुत दूर मंज़िल
दोनों ऊबे थे, कैसे बहले दिल!
दोनों ने आपस में झगड़ना शुरू किया
मन बहलाने खातिर कटुवाणी, व्यर्थ मुद्दा,
दोनों के स्वभाव में धूर्तता हमेशा घुली
दोनों चौकन्ने, व्यंग्य-आरोपों की लगी झड़ी।

अन्त में लोमड़ ने बिल्ली पर व्यंग्य कसा—
'बनती बड़ी शाही पर क्या तुझे पता,
सैकड़ों नयी-पुरानी चाल मेरे थैले में बन्द रहतीं
पूरा मैं खेला-खाया सबकी करता छुट्टी।'
बिल्ली को अपमान लगा, घुड़ककर बोली—
'हज़ारों चाल से मेरी एक चाल भली।'

तभी उधर से शिकारियों का झुंड गुजरा
हथियारों से लैस, बहुत सारे खूनी कुत्ते
बिल्ली लोमड़ से बोली—'प्राण अपने बचा
चाल थैले से निकाल दिखा तू अपना जलवा।'
बिल्ली चढ़ी पेड़ पर, वह चढ़कर बची
पर लोमड़ के पास पेड़ वाली युक्ति नहीं।
इधर-उधर भागे, कुत्ते पीछा करें

भागे तेज, गन्ध सूँघे कुत्तों से ना बचे,
फिर एक बिल में जबरदस्ती वह घुसा
कुत्तों ने खींच लिया, ज़िन्दगी होती जुदा।
व्यर्थ समय गँवा दिया तरकीब जाँचकर
अतः सौ युक्तियों की जगह
एक सही युक्ति समय पर बेहतर।

पति, पत्नी और चोर (भय बिन होय न प्रीत)

एक पति था पत्नी का प्रेमी गहरा
अर्धांगिनी से उच्च उसे पद देता था,
प्रेम में पागल बन उस पर जान छिड़कता
पर पत्नी का हृदय जीत नहीं सका।

भले ही वह पति, अधिकार का स्वामी
पर पत्नी का हृदय उससे जुड़ा नहीं,
होता बहुत दुखद जब प्रेम उगे इकतरफा
भार्या को प्रीत नहीं, पति का दिल तड़पा।

बनी ज़िन्दगी नरक, प्रभु से करे प्रार्थना
सुख-प्रेम-मुस्कान जीवन में उसे मिले ना,
यह पत्नी भी बहुत अद्भुत नारी
अपने पति से प्रेम उसे कभी हुआ नहीं।

एक रात स्वामी अपना दुखड़ा रोता था
तभी अचानक घर में डरावना चोर घुसा,
पत्नी थर-थर काँपे, जान जाने का डर
भागी जान बचाने सुरक्षा जाये मिल।

वह स्वामी की छाती से गयी चिपक
उसे बाँहों में ले, पति चोर से बोला फिर—
'मुझे, मेरी पत्नी को छोड़, सब माल तुम्हारा
चुनो सब सामान अपनी ज़रूरत का।'

चोर बड़ा ही ढीठ, हाथ खूब दिखाया
घर उसने खाली किया, जरा ना शर्माया,
उधर पति था प्रसन्न उसे बाँहों में पाकर
भले ही अवसर तुच्छ, प्रेम गया आज बिखर।
इस घटना में मुझे एक आशा दिखती

भय बहुत ताकतवर कुंजी भावों की,
कैसे पति ने प्रेम के खातिर घर फूँका
और डर ने पत्नी को उसकी बाँहों में झोंका।

कभी भय होता दूर, एक होने की रीत
पर अक्सर भय के बिन नहीं होती प्रीत,
फिर याद मुझे आती छोटी स्पेनिश घटना[1]
लेकिन इस घटना को कहें हम दौरा पागलपन का।

1. स्पेन के विला मेदिना के सामन्त के साथ घटी एक घटना, जिसके कारण उसे स्पेन की रानी को बाँहों में थामने का अवसर मिला था।

बन्दर और बिल्ली (चापलूसी)

एक बिल्ली, दूसरा बन्दर
एक ही मालिक के स्वामीभक्त
एक ही घर के अन्दर,
एक ही थाली
एक ही नाव में करते सवारी।
धूर्त, मक्कार, चोर और कपटी
भयहीन क्या ज़रूरत शैतान की,
बन्दर चोर और बिल्ली शाकाहारी सच्ची
चूहे की जगह पनीर की इच्छा रखती।
एक दिन अँगीठी के पास थे दोनों पाखंडी
अँगीठी में सूखी गिरी भुनती थीं।
बन्दर ने सोचा—क्यों ना वही गिरी चखे
पहले आप
बाकी भाड़ में झुकें।
बन्दर बोला—
'आज इच्छा गिरी खाने की
तू सर्वगुण सम्पन्न
आज दिखा चमत्कार
अपनी कारीगरी।'
बिल्ली ने पंजे चलाये
इधर-उधर गिरे, पर गिरी चुनती,
गिरी चुनीं और पंजे जलाये
बन्दर खाता जल्दी-जल्दी।
तभी एक नौकरानी वहाँ आयी
बिल्ली ने बन्दर सेवा बन्द की
और अपनी नजर चुराई।
इस तरह यह खेल बन्द हुआ
बिल्ली को दुख भारी
बन्दर ने सब खाया
यहाँ बची सिर्फ लाचारी।

यहाँ बिल्ली को लगा मक्खन, बन्दर ने सिद्ध किया
अपना उल्लू सीधा करने, पुदीने पर दिया चढ़ा।

यहाँ कितने 'छोटे प्रिंस' और सामन्त
चापलूसी करते
एक राजा की खुशी के लिए
गर्दन हाथ पर रखकर चलते!

चील और बुलबुल (खाली पेट की आवाज़)

एक चील है क्रूर तेज शिकारी
एक गाँव के ऊपर से उड़ती थी,
तभी गाँव के बच्चों ने शोर मचाया
और दुर्भाग्य से एक बुलबुल ने
स्वयं को चील के पंजों में पाया।

वसंत के दूत ने चील से की प्रार्थना—
'यह मासूम, मधुर गायक पक्षी
शिकार के लिए नहीं बना,
मैं तुम्हें सुनाऊँगी तैरे[1] और उसकी हवस की गाथा...'
चील बोली—'क्या तैरे चील का है खाना?'
दूत ने कहा—'नहीं, वह एक राजा था कपटी अत्याचारी,
उसका अपराध आज भी मुझे सालता है
यही तो है व्यथा।
मेरे गीत सबको भाते हैं
और तुम्हें भी आनन्द मिलेगा
इसकी सारी कथा तुम्हें मैं दूँ सुना।'

---

1. ग्रीक मिथक के अनुसार तैरे, थैरेस साम्राज्य का राजा और प्रॉनिये का पति था। वह अपनी पत्नी की छोटी बहन फिलॉमेल पर मोहित था। फिलॉमेल का बलात्कार करने के बाद तैरे ने उसे जंगल में एक गुप्त स्थान पर कैद कर लिया था तथा उसकी जिह्वा काट दी थी। जिससे वह तैरे की पाप-कथा किसी पर जाहिर ना कर सके। लेकिन फिलॉमेल ने किसी तरह अपनी दुखद गाथा प्रतीकों के माध्यम से अपनी बड़ी बहन तक पहुँचा दी। क्षोभ और नफरत से भरी प्रॉनिये ने अपने पुत्र का वध करके, उसका मांस अपने पति को परोस दिया। तैरे ने इस घटना का पता चलते ही दोनों बहनों का वध करने की कोशिश की। लेकिन ग्रीक देवताओं ने इन दोनों धृष्ट कृत्यों के लिए तीनों को पक्षियों में बदल दिया।
इस तरह राजा को कठफोड़वा का स्वर मिला। फिलॉमेल ने बुलबुल के रूप में अपने आप को पाकर अपने दुखद अतीत को आवाज़ दी और प्रॉनिये अबाबील बनी।

चील ने हवा का सुना निवेदन
फिर उसने कहा हवा से—
‘ध्यान से मैंने तुम्हें सुना पवन।
मैं भूख से बेचैन काँप रही
और तुम संगीत की बात छेड़ती हो
क्या तुम्हारे गीत पेट भर सकते हैं अभी ?’

हवा ने जवाब दिया—
‘मैं केवल संगीत बुनती
मेरे कारण
राजा के दरबार में मदहोशी घुलती।’

फिर अन्त में चील ने तर्क बुना—
‘ऐ हवा, जब राजा से मिलो
उसे सुनाना
कि मैं एक चील
और भूख है एक आग, तन-मन जलाना
फिर खाली पेट, कान हीन
सुने नहीं मधुर तराना।’

दसवीं पुस्तक

तीतर और मुर्गे (अपनी-अपनी वृत्ति)

असभ्य, लड़ाका और झगड़ालू मुर्गों के बीच
एक मादा तीतर को रहना था
वह मादा थी और तीतर
लिंग और जात अलग थी
लगता था एक मेहमान की तरह नम्रता, इज़्ज़त मिलेगी।
पर यहाँ तो दृश्य अलग था
सब मुर्गों ने खूब उसे बिदकाया
उसे खाने से रोके, झिड़के
और गालियाँ इधर-उधर कीं
ऊपर से चोंच मार कर तड़पाया।
वह परेशान थी
इस तरह समय बीत रहा था
फिर उसने देखा कि
इन सबके भी बीच फूट, लड़ाई, होता क्रन्दन
अरे! ये वंश-जात भाई
पर बात नहीं रही बन।
उसको अहसास हुआ जो उसपर बीता
इसके लिए इन्हें दोषी नहीं पाती
ये तुच्छ दया के पात्र
आपस में लड़ने वाले विषभरे घाती।
प्रभु ने सबको एक जैसा नहीं बनाया
एक जाति-आकार वंश में भी
विचारों की भिन्नता।
मैं अपना जीवन इस कलह से दूर रखूँगी।
ईश्वर हमार पंख बाँधकर भेजता
साथ-साथ ही सबको जीना
पर मानव शिकायतों की गठरी हर जगह खोलता।

शेरनी और भालू माँ (दूसरों का दर्द)

एक शेरनी ने अपना बच्चा खोया था
एक शिकारी के हाथों,
विकट दुख छाया था।

वह माँ थी, छाती पीटकर शोर मचाती
तड़पे चीखे, रुदन मचाये
सारे जंगल में कोहराम
भाग्य पर चिल्लाती।

ऐसी हालत में जीव कोई सो ना सका
शान्ति का अकाल, त्रस्त सब
मादा भालू ने नम्रता से कहा—
मेरी प्यारी, मुझे नहीं शब्दों की झड़ी लगानी
बस एक बात पूछूँ
जो तुम्हें बतानी,
'जो भी बालक-बच्चे तेरा बने ग्रास
क्या उनके मात-पिता नहीं?
क्या वे थे अनाथ?'
शेरनी बोली—'हाँ, उन पर भी माता-पिता का था साया।'
भालू माँ बोली—'देखो, वे सब हैं ख़ामोश
उनकी माताओं ने ना ऐसा रुदन मचाया
फिर तुम क्यों ख़ामोश नहीं, यह जंगल थर्राया!'
शेरनी बोली—'मैं कैसे रहूँ चुप? दुख से छाती फटती
मैंने अपना बेटा खोया बुढ़ापे में
दुख की लगी झड़ी।'
मादा भालू ने पूछा—'इस घटना के लिए तुम किसको दोषी पातीं।'
शेरनी बोली—'यह नियति का दाग, मैं इसकी नफरत की मारी।'
नियति और दुख की बात अक्सर हम सुनते
मानव नियति से टक्कर ले,

तुच्छता में सिर धुनते।
अपना दुख बड़ा लगे, दूसरों के छोटे
रहे कुदरत को धिक्कार,
दूसरों को ना देखें।

हैक्यूबा[1] ने भी तो अपना वंश गँवाया
पति पुत्र खोए, दास खुद
पर ईश्वर के आगे नम्र, उसकी कृपापात्र
नहीं उसे दोषी पाया।

1. ग्रीक कथाओं और होमर की महाकाव्यात्मक गाथा 'इलियड' में वर्णित एक स्त्री चरित्र। वह ट्राय के राजा प्रियम की पत्नी थी। माना जाता है कि प्रियम से उसे 19 बच्चे थे। ट्राय युद्ध के दौरान उनमें से अनेक खेत रहे। योद्धा अकलीज़ द्वारा हैक्टर का वध सर्वविदित है। हैक्यूबा को भी दासी के रूप में समय गुज़ारना पड़ा।

ग्यारहवीं पुस्तक

भेड़िया और लोमड़ (लालच की युक्ति से मुक्ति)

ज्ञानी इसप ने लोमड़ पर ही चतुरता का ताज रखा
पर भेड़िया भी तो इसी जंगल का वासी !
मैं अक्सर यह सोच-सोच कर ही सिर धुनता।
जब भेड़िये को अपने जीवन की रक्षा करनी होती
या किसी पर धावा बोले
क्या वह अपने से अलग भी सोचता है ? या उसकी मत फिरती ?
मैं किस तरह करूँ विरोध समझ नहीं आता
हर बार डरपोक लोमड़ की चतुराई सामने
और यह मुद्दा प्रमाणित हो जाता।

एक रात कुएँ के जल में
गीदड़ ने चाँद का अक्स देखा था
मन में अति प्रसन्न, आज भूख मिटेगी
अच्छे बड़े पनीर की दावत जो थी।
लोमड़ भूख से परेशान
नीचे उतरने का तरीका आसान था,
वहाँ दो बाल्टी एक रस्से से बँधी
घिरनी से लटक रही थीं।
नीचे जाकर लोमड़ को मूर्खता का अहसास हुआ
जिसे समझा गोल पनीर[1],
वह चाँद का बिम्ब, पानी में चमक रहा था।

इस तरह मौत से साक्षात्कार
पर सोच रहा था बाहर निकलने की युक्ति
यदि मेरी तरह किसी और को भूख लगे
बाल्टी में बैठ नीचे आये, फिर रस्सी खिंचे
इस तरह हो सकती मेरी मुक्ति।

---

1. पनीर के लिए विख्यात फ्रांस में कुछ पनीरों को गोल आकार दिया जाता है। देखने में ये पनीर श्वेत और गोल चाँद की तरह लगते हैं। फॉन्तैन ने इसी बिम्ब का इस्तेमाल कविता में किया है।

फिर दो दिन से वहाँ कोई नहीं गुज़रा
और चाँद भी अपने रास्ते पर था
इस तरह दिन का अनुमान लगा
अब इस ज्ञानी का चेहरा उतर गया था।
तभी उसने देखा जनाब भेड़िये को उधर
जो कुएँ में झाँक रहा था,
यह देख लोमड़ खुशी से चिल्लाया—
'साथी, जरा नीचे देखो!
कैसा अद्भुत पनीर रखा है
कुदरत के हाथों रचा[1]
अद्भुत गाय[2] के ताजा दूध से बना है।
यदि स्वर्ग में जूपिटर[3] देव भी बीमार होते
इस दिव्य पनीर को चख
अपनी भूख जगा लेते।
मैंने अपना हिस्सा चखा
और तुम्हारे लिए अभी काफी बचा है
आओ इसे चखो!'

लोमड़ ने तुक मिला, संगीत सुनाया धूर्तता का—
'देखो, मैंने ऊपर टाँगी एक बाल्टी
इसमें बैठकर ही मैं नीचे आया
आओ तुम भी।'
भेड़िये ने मूर्ख बन विश्वास किया
और बाल्टी में गया पसर

---

1. जंगल और पशुओं की रेवड़ के देवता द्वारा बनाया गया।
2. मूल कविता में फॉन्तैन ने एक सुन्दर जवान बछिया का ज़िक्र किया है। दरअसल 'इओ' नाम की यह वनदेवी देवता ज्यूस की प्रेमिका और उसकी पत्नी की सेविका थी। ज्यूस ने अपनी पत्नी हेरा के प्रकोप से बचाने के लिए उसे बछिया में बदल दिया था।
3. रोमन कथाओं के अनुसार देवों के देव, आकाश के अधिपति। ग्रीक कथाओं के अनुसार ज्यूस के समतुल्य। हिन्दू मिथक में वर्णित महादेव शिव से भी इनकी तुलना की जाती है।

भेड़िये के बोझ से रस्सी खिंची
अब भेड़िया कुएँ में, लोमड़ बाहर।

इस किस्से का मखौल नहीं बनाना चाहिए
आसानी से विश्वास कर फँसते हैं
यहाँ कितने भुक्तभोगी
भय और लालच से
जो कुंजी भावों की।

वृद्ध और तीन जवान (नियति)

एक पकी उम्र का वृद्ध
पौधे रोप रहा था
पड़ोस के तीन लड़के उधर से गुजरे
वृद्ध को देख कर बोले—
'हूँ...इस उम्र में नया पेड़ लगाना
हमें होती है हैरत
अरे! तुम पके फल
तुम्हारे पैर कब्र में खुद रहे लटक।
क्या इसके फल को तुम चख पाओगे
व्यर्थ भविष्य के लिए मेहनत
इस उम्र को लेकर अब उनकी तरह जी पाओगे ?[1]
तुम्हारा श्रम मिथ्या और गलती
व्यर्थ का अधिभार
यह सब हमारे लिए, आशा भी।

वृद्ध ने अचरज से उनको देखा
और दृढ़ता से कहा—
'ज़रूरी नहीं कि तुम्हारी सोच सही हो
कि हो जायेगा सब तुम्हारा
कुछ पता नहीं इस जीवन का।
मौत हम सबको आनी है
यह एक अबूझ गुप्त नियति
किसे आज और किसे कल
इसका किसी को पता नहीं।

---

1. यहाँ युवक वृद्ध का मज़ाक़ उड़ाते हैं और उसपर व्यंग्य करते हैं कि शायद वह इजरायली लोगों के पूर्वजों की तरह जियेगा। धार्मिक ग्रन्थों में वर्णित पूर्वज माथ्यूसलेम की उम्र करीब 961 वर्ष बताई गयी है और नुआ के बारे में कहा जाता है कि वह 950 वर्ष जीवित रहा था।

और ये पौधे मेरे वंशजों के लिए
उन्हें अपनी छाया और फलों से तृप्त करेंगे।
आज भी मुझे भला लगता है
मैं इन पौधों को सींचता हूँ
जबकि मैं तो कुछ दिन का मेहमान
ईश्वर ना करे, शायद कल तुम न रहो
हो जाये हादसा!'

वृद्ध का मौत पर कहा सूत्र सही था
उनमें से एक की अमरीकी यात्रा पूरी नहीं हुई
वह जल में डूब मरा था।
दूसरा युद्ध के देवता मार्स का बना भोजन
देश-सेवा में
नहीं बचा पाया खुद अपना तन।
और तीसरा एक पेड़ से गिरा
मौत का हमसफर
पेड़ को उसने खुद रोपा था।

इस तरह वे नहीं रहे
वृद्ध दुखी था
उन अभागों की कब्रों पर, नियति पर
यही लिखा कि मौत एक गुप्त व्यथा
जो कि मैंने कहा था।

दयूक द बुरगॉन्य (1682–1712)
फॉन्तैन ने अपनी बारहवीं पुस्तक दयूक द बुरगॉन्य (लुई द फ्रांस, 1682–1712)
को समर्पित की थी।
दयूक द बुरगॉन्य, राजा लुई द फ्रांस चौदहवें और रानी मारी–आन क्रिस्तीन का पुत्र था।

बारहवीं पुस्तक

लोमड़ और टर्की मुर्गे (धूर्त का सम्मोहन शास्त्र)

लोमड़ की करतूत से जब दिल भर आया
फिर टर्की मुर्गों ने पेड़ को किला बनाया,
लोमड़ चिढ़ा उसे आया क्रोध भयंकर
कि मुर्गे सीना ताने खड़े वीर-सेनानी बनकर।

ये क्षुद्र मुझपर हँसें, उसे दुख था भारी
नहीं बने मेरा ग्रास, अजीब-सी लाचारी,
नहीं माफ करूँ इन्हें लोमड़ कुपित बड़ा
उस दिन पूरा चाँद खिला था
दृश्य था साफ, मुर्गों के चक्रव्यूह का।

लोमड़ छल-प्रपंच का होता बहुत धनी
अपना थैला खोल खोजे उसमें युक्ति,
आज कुछ अलग मुझे माया रचनी
खेलूँ छल-प्रपंच मुर्गों की मत हरनी।

वृक्ष पर चढ़ने का यत्न, कभी पैर पटकता
कभी मरने का स्वाँग भरे, कभी जीवित हो उठता,
सिद्ध मसखरे-सा[1] पूरा वह भेष बनाये
कभी जादू का प्रकोप, उछलकर पूँछ हिलाये।

और न जाने उसने दिखाईं कितनी युक्ति
मुर्गों की उस रात पलक नहीं झपकी,
सब मुर्गे एकटक देख रहे थे यह नजारा
शक्ति क्षीण, थके फिर मनोबल हारा।

---

1. यहाँ इतालवी हास्य चरित्र अरलेशिनॉ का ज़िक्र है। यह चरित्र अपनी हास्यास्पद वेशभूषा और कारनामों के कारण काफी लोकप्रिय है। इटली में सोलहवीं शताब्दी के बाद पूरी दुनिया में इसे विभिन्न रूपों में अपनाया गया।

नहीं समझ सके धूर्त की कलाकारी
सन्तुलन हुआ भंग गिरने की लाचारी,
घाती ने करी ना देर उन्हें तुरन्त चुना
रखे कोठार में मुर्ग, दावत का उड़े मज़ा।

कभी बहुत सजगता भी थकाकर रख देती
प्राण पराये होते जब मति थकती।

बन्दर (नकलची)

पेरिस में रहता एक बन्दर
किसी ने मादा का उसे दिया हाथ
शादी कर,
बन्दर ने वही किया जो अक्सर पति करते
पत्नी को पीटा
दाँत दिखाकर झपटे।
वह स्वर्ग सिधार गयी, पर बन्दर खुश था
उसका बच्चा क्रन्दन करे
भूखा मरता।
बन्दर प्रेम में रचा पूरा गाफिल
मिल गयी थी नयी प्रिया
प्रेम के झूले में झूला फिर।
फिर आदत से लाचार इस प्रिया को घसीटा
बहुत दर्द दिया
और दोहराया नतीजा
वह झुँझलाये फिर साथ देती मधुशाला
करता वही जो आदत में शामिल था।

ऐसे कितने लोग गोचते अक्सर काग़ज़
कुछ सोचते नहीं बाँधे सृजन के कर,
नकलची करें नकल वे बाज न आयें
दोहराते सब कुछ पिछला, बन्दर कहलायें।

लोमड़, भेड़िया और घोड़ा (मूर्ख भाषाविज्ञानी)

एक युवा लोमड़ पर चालाक बड़ा
पहली बार जीवन में घोड़ा देखा था,
बड़े अचरज से भेड़िये से बोला—
'एक अजनबी ज़ीव चरागाह में चरता है
सुन्दर, बड़ा अजीब, नहीं कोई ठिकाना!
देखा पहली बार यह पशु अनजाना!'

भेड़िया बोला—
'क्या वह हमसे लगता ताकतवर
चित्र बना उसको पहचानूँ
ऐसा आया कौन भयंकर?'
लोमड़ ने जवाब दिया—
'यदि होता चित्रकार, कला का छात्र बड़ा
मैं देरी नहीं करता, चित्र बना देता,
जो मैंने देखा चलो तुम्हें भी दिखलाऊँ
शायद प्रार्थना का परिणाम, भाग्य भिजवाता।'

दोनों पहुँचे वहाँ चरता देखा घोड़ा
दोनों आश्चर्यचकित, रूप-औ-ताकत क्या!
दोनों तुरन्त तैयार, मित्र बनाने को तत्पर
लोमड़ ने विनम्र बन निकाला अपना स्वर—
'हम आपके खाकसार, ऐ नवाब मोहतरम
गुस्ताखी हो माफ आपका नाम जानकर।'

घोड़ा भी चालाक, मारा नहले पर दहला
तुरन्त बोला—
'पढ़ सकते मेरा नाम लिखा रुपहला होता
मेरे कुल का नाम मोहर में खुदा
जो मेरे खुर में जड़ी, नहीं कभी जुदा।'
घोड़े की सुन बात, लोमड़ ने माफी माँगी—

'मैं गरीब मात-पिता का पुत्र, अज्ञानी और मूर्ख
पाठशाला कभी·गया नहीं।'
फिर झट से लोमड़ ने बुनी एक नयी कहानी
बोला—
'मेरे मित्र भेड़ियाराज बड़े भाषाविज्ञानी।'

भेड़िया ऐसा सुन फूला नहीं समाया
घोड़े के पास गया, ज्ञान का करे खुलासा,
घोड़े ने तुरन्त दिखाई अपनी वंश मोहर
चार टूटे दाँत, कचूमर गया निकल,
दूर जाकर गिरा वह भाषाविज्ञानी
हड्डी गयीं टूट शक्ल नहीं गयी पहचानी।

लोमड़ बोला—
'मेरे भाई! मेरे पूर्वज-विद्वानों ने सही कहा
अनजानों से दूर, न ज्यादा मेल बढ़ा,
तू अनजाने के साथ चिपक गया, हे अज्ञानी!
चेहरे पर लगी मोहर, जात अब गयी पहचानी।'

मूर्ख और समझदार (ज्ञानी का दंड)

कोई मूर्ख, ज्ञानी को दुख पहुँचाता
पत्थर उसपर फेंके, उसकी हँसी उड़ाता,
ज्ञानी बोला—'बहुत सुन्दर ऐ दोस्त मेरे
एक अशरफी लो मेहनत का फल है ये,
पर इस तरह तुम गिर सकते हो थककर
काम तुम्हारा उच्च, कमाते चुटकीभर,
देखो, उधर धनवान एक सवारी
दिखाओ अपनी कला, कमाओ धन तुम भारी।'

दुष्ट धन पर मरा, बुरा समय आया
फिर सवारी का उसने मखौल बनाया,
इस बार अशरफी नहीं, मिली ठोकर और धक्का
धरती पर दिया पटक कार्य अंगरक्षक का।
तारे दिन में दिखे टूट गयी कमर
मिला तुरन्त फल 'श्वेत कालर' से टक्कर
तुरन्त समझ गया वह अपनी हस्ती
आँखों से उतर गयी दुष्ट-दर्प की पट्टी।

ऐसे धूर्त, राजा के इर्द-गिर्द जब छा जाते
सज्जनों का मखौल करें, जनता का धन वे खाते,
क्या ऐसे दुष्टों को दें उनकी भाषा में उत्तर?
पर वे पहले से शक्तिशाली,
ऐसे उत्तर से मिटे नहीं मूर्खता का मंजर,
ज्ञानी रहें शान्त पर काटें व्याधि
इन दुष्टों के लिए बनायें रामबाण ओषधि।

परिशिष्ट

फॉन्तैन की नीतिपरक कविताएँ और उनका स्वरूप

जब हम फॉन्तैन की कविताओं पर दृष्टि डालते हैं तो पाते हैं कि अनेक कविताएँ जोड़ों के रूप में उपलब्ध हैं। जैसे—प्रथम पुस्तक की कविताएँ 'मौत और बदकिस्मत' तथा 'लकड़हारा और मौत' हैं। यहाँ अन्तिम कविता में, तमाम परेशानियों के बावजूद मौत के प्रति मानव का दृष्टिकोण स्पष्ट हो जाता है। इसी तरह पुस्तक संख्या सात की दो कविताएँ 'मादा बगुला' और 'कन्या' हैं। यहाँ भी 'मादा बगुला' का विस्तार और शिक्षा ही 'कन्या' नामक कविता के रूप में व्यक्त होती है।

फॉन्तैन द्वारा अपनी इन नीतिपरक कविताओं में लय की रक्षा के लिए शब्दों का रूप परिवर्तित करने के अनेक उदाहरण मिलते हैं। इसके साथ ही उन्होंने ऐसे शब्दों का भी उपयोग किया, जो व्यंग्य के पर्याय ही बन गये। यहाँ दो रोचक शब्दों का उल्लेख किया जा सकता है। जैसे प्रथम पुस्तक की कविता 'चोर और गधा' में गधे को मूल फ्रांसीसी कविता में Aliboron की उपमा से नवाजा गया है। प्रसिद्ध अरबी विद्वान अलबरूनी को फ्रांस में उस समय इसी नाम से जाना जाता था। यहाँ इस उपमा का उद्देश्य अलबरूनी का अपमान करना नहीं था, अपितु यह तो बेचारे गधे पर एक व्यंग्य था। इसी तरह प्रथम पुस्तक की कविता 'भेड़िया और कुत्ता' के मूल पाठ में आया शब्द Dogue खूबसूरत घरेलू कुत्ता के लिए प्रयोग में लाया गया था, जो चापलूस किस्म के, अपनी आजादी खोकर दूसरों के टुकड़ों पर पलने वाले पालतू दरबारियों की आलोचना के लिए एक अनिवार्य शब्द ही बन गया।

उस समय की कविता की संरचनात्मक परम्परा के अनुसार इस नीतिकार ने इन कविताओं को लय के अन्तर्गत ही लिखा था। जैसे कविता 'शहर का चूहा और गाँव का चूहा' के मूल फ्रेंच पाठ के प्रारम्भ में आवृत्ति का क्रम ABAB है।

Autrefois le Rat de ville
Invita le Rat des champs,
D'une façon fort civile,
A des reliefs d'ortolans.
(Le Rat de Ville et le rat des champs)

लेकिन इसी कविता के अन्त में यह आवृत्ति ABBA के रूप में आती है।

Mais rien ne vient m'interrompre :
Je mange tout à loisir.
Adieu donc. Fi du plaisir
Que la crainte peut corrompre!»

वहीं एक अन्य कविता में यह आवृत्ति AABB के रूप में व्यक्त होती है।

Le Singe avec le Léopard
Gagnaient de l'argent à la foire :
Ils affichaient chacun à part.
L'un d'eux disait : Messieurs, mon mérite et ma gloire
(Le Singe et le Léopard)

लेकिन यहाँ यह भी बताना आवश्यक है कि फॉन्तैन की अनेक कविताओं में विषम पंक्तियों के उदाहरण भी मौजूद हैं। कह सकते हैं कि उनकी 'फेबेल्स' का उद्देश्य संरचनात्मक नियमों का पालन करना नहीं अपितु उस समय की विषमताओं को दिखाना था, उन पर तंज कसना था।

फॉन्तैन की रचनाएँ

फॉन्तैन को ख्याति उनको 'फेबेल्स' के रचनाकार के रूप में ही मिली। यद्यपि उन्हें कुछ छोटी काव्यात्मक कहानियों के लिए भी जाना जाता है। उन्होंने कोमल भावनाओं और प्रेम को व्यक्त करने वाली कवितायें भी लिखीं। Amours de Psyché et de Cupidon इसका उदाहरण है, जिसे गद्य और पद्य में लिखा गया है। यह पुस्तक एक सामन्त की पत्नी मारी ऑन मान्सिनी (1649-1714) को समर्पित है।

नीचे उनकी रचनाओं की सूची दी गयी है। 1709 में फॉन्तैन की पत्नी मारी एरिका की मृत्यु उपरान्त इन दोनों के बीच में हुआ पत्र व्यवहार, फ्रेंच अकादमी ने बाद में प्रकाशित किया जो इस सूची का हिस्सा नहीं है।

1654 Première pièce : l'Eunuque, comédie adaptée de Térence
1662 Publication de l'Elégie aux nymphes de Vaux
1663 La Relation d'un Voyage de Paris en Limousin
1664 Publication des deux premiers contes : Joconde et Le Cocu battu et content
1665 Première série de Contes et nouvelles en vers
1666 Publication de la deuxième partie de Contes et nouvelles en vers
1668 Premier recueil de cent vingt quatre fables regroupés en six livres et dédié au Dauphin
1669 Publication des Amours de Psyché et de Cupidon
1671 Troisième partie de Contes et nouvelles en vers. Nouvelle publication des fables, dont huit fables inédites
1672 Publication de deux nouvelles fables : le Soleil et les Grenouilles et le Curé et le Mort
1673 Poème de La Captivité de Saint Malc
1678 Second Recueil de Fables (livres ViI à XI)
1685 Publication de onze fables et de cinq nouveaux contes
1687 Epitre à Huet
1688 Le Milan, le Roi et le Chasseur fable dédiée au prince de Conti
1690 Publication des Compagnons d'Ulysse
1691 Publication des Les deux Chèvres et le Thésauriseur et le

	Singe
1692	Publication de la Ligue des Rats
1694	Publication du dernier recueil des Fables (livre XII)

धन्यवाद ज्ञापन

धन्यवाद ज्ञापन के इस पृष्ठ पर मैं कृतज्ञता से इतर, 'नीति और कुनीति' को पृथक करके देखने वाले फॉन्तैन और उनके कार्य को श्रद्धा भाव के साथ स्मरण करता हूँ। यही भाव चित्रकार जां बातीस्त उदरी और गुस्ताव दौरे के लिए है जिनके बनाये चित्रों और रेखांकनों से पुस्तक और भी अधिक आकर्षक और ग्राह्य बन सकी। नमन।

मैं विश्व कविता में गहरी रुचि रखने वाले अनेक हिन्दी कवियों, विद्वानों का कृतज्ञ हूँ जिनके सुझाव और उनके साथ हुए विमर्श ने मुझे अनुवाद के शिल्प और अनुशासन को बेहतर तरीके से जानने-समझने का अवसर दिया। इसके साथ ही आलोचना से अनुवादों को सँवारने का बल मिला। मैं यहाँ फ्रांसीसी दूतावास के 'पुस्तक अनुभाग' के अधिकारियों को धन्यवाद देता हूँ जिन्होंने सोलह पुस्तकों में सिमटी इस शृंखला में रुचि ली और इन दोनों पुस्तकों के लिए अनुदान स्वीकृत किया। मैं वाणी प्रकाशन के प्रमुख श्री अरुण माहेश्वरी एवं अदिति जी का शुक्रगुजार हूँ जिन्होंने दोनों पुस्तकों को सुरुचिपूर्ण तरीके से प्रकाशित करने के प्रति मुझे आश्वस्त किया है। अरुण जी ने चित्र संयोजन में व्यक्तिगत रुचि लेकर पुस्तक को और भी बोधगम्य बनाया है।

अन्त में अन्तस में छिपे गहरे अशेष भाव पत्नी और परिवार के लिए। परिवार से दूर रहने के कारण इन भावनाओं को यहाँ इस पृष्ठ पर उकेरने के लोभ से मैं खुद को नहीं रोक पा रहा हूँ।

—मदन पाल सिंह

Remerciements

Mes premiers remerciements vont naturellement à M. Kedarnath Singh, M. Ashok Bajpeyi, M. Arun Kamal, M. Madan Kashyap qui m'ont apporté deprécieux conseils me permettant d'enrichir mon point de vue. Un immense merci à M. Arun Maheswari et Mlle Aditi de Vani Prakashan qui ont accepté de publier mes travaux. Ma reconnaissance va également à Dr. Nicolas Idier, Mlle Dorothiée Gieux et Dr Judith Oriol (ex-employée) d'Institut français d'Inde de leur intérêt pour mon projet de traduction de la poésie française.

Je tiens à remercier chaleureusement mon ami Michael pour sa patience et ses réponses à mes questions qui m'ont permis de considérablement étoffer mes connaissances. Je remercie également la famille LAGENEBRE pour leur soutien moral, leur gentillesse et la bonne ambiance qu'ils ont générées, ont largement contribué à mon bien-être, ce qui a constitué pour une sorte de "deuxième famille" à mes yeux.

Finalement mais certainement pas moins important, j'ai quelques remerciements plus personnels à formuler. Tout d'abord, à mes parents que j'admire, pour leur courage, leur humour et leur bonté qui a été pour moi le plus bel exemple à suivre, puis à mon oncle Naresh Chauhan et mon frère Prshant ji, Davender Kumar, que j'aime de tout mon coeur.

Mes derniers remerciements vont à ma femme Mithlesh qui a donné un sens à ma vie et je souhaite vivement que sa force, sa tendresse, sa gentillesse nous procure encore de nombreux moments merveilleux.

—Madan Pal Singh

TABLE DES MATIÈRES